TROTZDEM

Inhaltsverzeichnis

Vorwort

In Linz lebt eine alte Dame, die seit vierzig Jahren ihre Wohnung nur mehr zu Krankenhausaufenthalten verlässt. Ihre Wirbelsäule ist so lädiert, dass sie fast immer im Bett liegen muss. Diese Dame ist ein heiterer, kommunikativer und am Leben interessierter Mensch. Sie hat einen unglaublich großen Bekanntenkreis, mit dem sie telefoniert und der sie oft besucht. Sie kann nicht nur zuhören, Rat geben und trösten, sie sorgt auch für andere. Für eine Einwandererfamilie, die als Nachbarn neben ihr gewohnt hat, wurde sie zur Ersatzoma. Diese Frau jammert nicht, sie ist dankbar, nicht für die Krankheit, aber für die Möglichkeiten, die auch ein räumlich so eingeschränktes Leben mit sich bringt.
Selbstmitleid und Hadern mit dem Schicksal machen der Seele Luft. Aber als Dauerzustand vermiesen sie die Stimmung und verstellen den Blick auf das Mögliche im scheinbar Unmöglichen. Das Credo unserer Zeit ist die freie Wahl. Jede und jeder schmiedet sein Glück selbst. Aber über die Zuteilung von Eisen und Glut entscheiden oft andere. Schicksal, Krankheit, Tod – unvermutet und von einer Minute zur anderen kann ein Lebenslauf sich wenden. Pläne zerfallen wie Staub, Wünsche zerplatzen wie Seifenblasen, gewohnte Ordnungen lösen sich in Chaos auf. Nun heißt es, das Glück neu zu schmieden, die Chancen im Unvollkommenen zu sehen, den Blick aus der Fixierung auf gewohnte Ziele zu lösen, den Edelstein im scheinbar tauben Geröll zu erspähen.
„Trotzdem sag' ich an freudlosen Tagen, um trotzdem das, was wir sind, zu bejahen", singt Erika Pluhar. Sie und viele andere, die in diesem Buch erzählen, haben das „Trotzdem" in ihrem Leben kennengelernt.
Ihnen allen danken wir für ihr Vertrauen, ihre Offenheit, ihr Nachdenken. Sie zeigen besonderen Lebensmut, einen, der aus der Kraft der Annahme des Vorgefundenen, des Aufgetragenen und oft auch des Aufgebürdeten entsteht. Sie sind da und sehen, was ist. Sie hinterlassen Spuren in Gedichten, Bildern, Liedern, im Zuhören und im Weitergehen. Wir haben viel gelernt über das Wesen der Achtsamkeit, durch die Leben sich zeigt und wächst.
Die alte Dame, die ihr Bett kaum verlässt, wollte in diesem Buch nicht genannt werden. Sie wollte niemanden brüskieren, der womöglich mit einem einfacheren Schicksal schwerer lebt als sie. Ihr und allen, die mit ihrem Mut trotzdem ins Leben anderer strahlen, ist dieses Buch gewidmet.

Christine Haiden und Petra Rainer

Ich wollte nie ein braves Töchterl sein

Silvia Bernacki, 43, erkrankte als Kind an einer spinalen Muskelatrophie.

Silvia Bernacki kommt mir im elektrischen Rollstuhl entgegen. Eine aufgeweckte Frau mit flotter Frisur und modischer Brille. Klein und ein wenig verdreht sitzt sie im Rollstuhl. Sie begrüßt mich mit unerwartet tiefer Stimme, ich gebe ihr die Hand, nur ein schwacher Druck erwidert meine Berührung. Neben Silvia Bernacki tanzt ein kleiner Hund, der wie wild auf mich einbellt. „Das ist Bono, unser Kronprinz“, sagt sie lachend. „Unser“ bezieht sich auf ihre Mutter, die mit Silvia in der Wohnung lebt. Derzeit ist sie aber im Krankenhaus, auf der Intensivstation. Silvia macht sich große Sorgen um sie. Sie ist schwer krank. Bisher war sie diejenige, die Silvia versorgt hat, jetzt scheint es, dass Silvia sich um ihre Mutter wird kümmern müssen.

Silvia Bernacki leidet an einer nicht abgeklärten Muskelerkrankung, mit dem Verdacht auf die seltene Werdnig-Hoffmann-Krankheit. Sie ist ein Defekt der Nervenenden und führt meist schon jung zum Tod der Kinder durch Lähmungen der Muskulatur.

Wann hat die Krankheit bei Ihnen begonnen?

Mit acht Monaten. Mein Bruder war sechs Jahre älter als ich. Der hatte die Krankheit ganz schlimm und ist mit zwölf Jahren gestorben.

Wie erkennt man die Erkrankung bei einem Kleinkind?

Bei mir hat es angefangen, dass ich über Nacht, so erzählt es die Mama, ganz eigenartige Kügelchen erbrochen habe. Als ich in das Alter kam, in dem meine Schwestern zu krabbeln, stehen und gehen anfingen, setzte ich mich einfach wieder nieder. Mit zweieinhalb, drei Jahren fuhr ich noch selbst mit dem Dreirad und konnte auch stehen, wenn ich mich irgendwo anhielt. Aber gehen konnte ich nie.

Waren Sie ein interessanter Fall für die Medizin?

Später sicher. Als Kind noch nicht. Damals gab es noch viele Fälle von Kinderlähmung, so bin ich auch oft eingestuft worden. Die einen Ärzte haben meinen Eltern gesagt, dass ich nicht älter als vier Jahre werde, die anderen haben behauptet, so neun, zehn Jahre, und dass ich die Pubertät nicht erleben würde. Aber ich wurde älter und älter, und mit der Zeit haben sich alle daran gewöhnt, dass ich noch lebe.

Ist Ihnen selbst als Kind gesagt worden, dass Sie nicht alt werden?

Ich weiß noch, als ich 13 Jahre alt war, war ich mit meinen Eltern bei einem Arzt, dessen Attest wir we-

Storm

gen eines Ansuchens um finanzielle Unterstützung brauchten. Er hätte nur unterschreiben sollen, stattdessen erklärte er mir ganz genau, welche Körperfunktionen als nächste aussetzen werden und woran ich im kommenden Jahr sterben würde. Zum Schluss sagte er, dass es Pech sei, dass mein Herz und mein Hirn so gut arbeiten. Das Herz hält das bis zum Schluss aus und das Gehirn bekommt es mit bis zum Schluss. Das hat er mir erklärt.

Ungefragt?

Ungefragt.

Wie fühlt man sich in so einem Moment?

Unbeschreiblich. Zuerst furchtbar schlecht. Irgendwann kommen dann Wut und große Hoffnungslosigkeit. Ich habe zwar vorher schon geraucht, begann dann aber auch noch zu trinken. Trotz meiner Lebensfreude war ich mit 14 Jahren magersüchtig und komplett am Sand. Zehn, fünfzehn Jahre habe ich mich nicht mehr richtig erfangen, aber darüber wurde früher nicht viel geredet.

Sie waren sehr selbstzerstörerisch.

Essen bedeutet Leben und leben wollte ich nicht mehr. Im ersten Jahr habe ich gedacht, warum sollte ich mich normal verhalten, wenn ich eh nicht mehr lange leben werde. Also habe ich geschaut, was ich kriegen konnte und habe es konsumiert. Deswegen kam ich mit meinen Eltern furchtbar in Konflikt. Mein Vater war sehr durch den Alkoholismus seines Vaters geprägt. Die Familie war dadurch um ihren Besitz gekommen. Wir hatten ewig Streit, wenn der Papa gesehen hat, dass ich wieder etwas getrunken habe. Ich habe mir mein Schicksal nicht ausgesucht. Ich war immer ein lebenslustiges Kind, und selten konnte mir jemand die Freude vertun, auch nicht durch die blödesten Meldungen. Die alten Leute haben mich oft wie einen Hund, der nur mehr auf drei Beinen hüpft, am Kopf getätschelt, „Ja, kann sie denn wirklich nicht gehen?“ Sie hatten dieses seltsam Mitleidige. In Wirklichkeit hat keiner Mitleid empfunden. Wenn jemand gesagt hat, „Ja, warum denn sie?“, habe ich mir gedacht, ja, weil es jemand anderen auch nicht freuen würde. Ich habe wenigstens meine Katzen und Hunde.

Wie sind Sie an Alkohol und Zigaretten herangekommen?

Im Gasthaus meiner Eltern. So viel Zeit, mich zu überwachen, hatten meine Eltern nicht. Man konnte jeden Stammgast fragen, dass er einem etwas holt.

Wollten Sie wirklich sterben in dieser Zeit?

Ja, ich habe Suizidversuche gemacht, auch später noch. Ich hatte immer die Angst, dass meine Eltern vor mir sterben. Ich konnte mir mein Leben nie selbst einrichten. Das hat mir die Mama erst erlaubt, als wir nur mehr zu zweit waren. Außerdem hatte ich Angst, was werden wird. Man bekommt immer erzählt, dass man durch Erstickung sterben wird. Das sind auch keine rosigen Zukunftsaussichten. Den letzten großen Suizid habe ich vor siebzehn Jahren versucht. Da habe ich einen Cocktail aus Anti-Depressiva, Tranquilizer und Schlaftabletten ein Jahr lang zusammengespart und habe gewusst, wenn ich mich zu Allerheiligen im kommenden Jahr noch immer so fühle, dann nehme ich das. Dann habe ich den ganzen Cocktail genommen, bin aber nicht daran gestorben. Ich habe es nach einer Stunde gemerkt. Da habe ich meine Schwester verständigt, damit die Rettung kommt. Sie konnten mich gerade noch retten. Ein halbes Jahr später bekam ich schwere epileptische Anfälle.

Haben Sie in dem Moment, wo Sie Ihre Schwester anriefen, die Entscheidung getroffen, dass Sie weiterleben wollen?

Ich habe gemerkt, ich kann nicht sterben. Grundsätzlich war das Leben immer schön. Ich hatte die Möglichkeit, es halbwegs zu leben. Ich wollte nie ein behütetes Töchterlein sein. Das wäre furchtbar für mich gewesen. Wenn ich aus konnte, war ich weg.

Man darf sich Silvia als lebenslustige junge Frau vorstellen, die ihr Leben genoss und so wenig ausließ wie möglich. Während Silvia erzählt, kommen immer wieder ihre perönlichen Assistentinnen vorbei, holen ihre Dienstpläne ab, fragen schnell nach, wie es geht. Die persönliche Assistenz steht Menschen mit Beeinträchtigungen, die nicht in einer Betreuungseinrichtung leben, gesetzlich zu. Silvias Körperpflege ist mittlerweile anspruchsvoll geworden, damit es zu keinen Wunden kommt. Die Knochen sind ziemlich brüchig, die Haut sehr empfindlich. Alles dauert lange, die freie Zeit ist recht beschränkt.

Wofür ist Zeit in Ihrer Situation gut investiert?
Oft brauche ich sie einfach zum Krafttanken. Sich über das Leben Gedanken zu machen, ist auch eine gute Investition. Nachdenken, wozu wir auf der Welt sind.

Sie haben vieles von dem nicht, wofür andere meinen, auf der Welt zu sein, etwa sich fortzupflanzen, einen interessanten Beruf zu haben, reisen zu können.
Ich glaube, das ist nicht unbedingt der Sinn des Lebens. Für mich ist das Leben auf dieser Welt im Endeffekt ein kleiner Spaziergang. Und diesen Spaziergang sollte man etwas nutzen, um kleine Spuren zu hinterlassen. So wie ich das Glück gehabt habe, dass ich es mit dem Mauzi* mache. Man soll die Augen für den anderen offen halten, sich nicht nur interessieren, was man Schönes erleben kann. Ich glaube, dass sich die meisten Menschen zu wichtig nehmen. Das ist aber nicht der Sinn. Was der Sinn des Lebens genau ist, können wir alle nicht sagen. Jedenfalls aber nicht, nur durch das Leben zu trampeln, sondern zu schauen, dass der Nächste nach uns wieder einen guten Platz zum Leben hat, sei es durch Umweltschutz, sei es durch Tierschutz, sei es, indem man für die redet, die selbst nicht reden können. Das heißt nicht, dass ich in Rührseligkeit verfalle, wenn ich einen Sandler sehe. Aber man denkt sich, vielleicht hat der sich sein Leben auch nicht ausgesucht, vielleicht ist er auch irgendwo gelandet, wo er nicht hinwollte. Wie heißt es in der Bibel? Der Mann sollte einen Baum pflanzen, ein Haus bauen, einen Sohn zeugen?

*„*Bezaubernde Mauzi. Biografie einer Katze*“*, heißt das Buch, das Silvia Bernacki über ihre Katze und deren Erfahrungen mit der Welt der Menschen geschrieben hat. Es ist im Wagner Verlag, Linz, 2008 erschienen.*

Und was tut eine Frau?
Das hat der Herrgott nicht gesagt.

Wir können es uns aussuchen.
Genau. Ich habe weder einen Baum gepflanzt noch ein Haus gebaut oder einen Sohn gezeugt.

Aber Sie haben ein Buch geschrieben.
Stimmt.

War das ein Wunsch, eine Spur zu hinterlassen?
Ja, das ist eine kleine Spur auf der Welt, einfach, weil ich meine Gedanken niederschreibe.

Silvias Krankheit verläuft in Schüben. Immer wieder muss sie sich auf eine Verschlechterung einstellen. Derzeit kann sie mit zwei Fingern noch die Steuerung ihres elektrischen Rollstuhls bedienen. Telefonieren geht mit Handy am Rollstuhl und Freisprechvorrichtung ganz gut. Mit Spracherkennung kann sie aber auch auf ihrem Computer arbeiten oder E-Mails verschicken.
In den Zeiten ihrer größten Verzweiflung hadert Silvia heftig mit Gott und der Welt. Jahrelang muss sie für einen elektrischen Rollstuhl kämpfen. Ein Kamillianerpater ermöglicht ihr schließlich mit einem hohen Geldbetrag, den ein anonymer Spender für „jemanden, der es braucht“ zur Verfügung gestellt hatte, den Ankauf des Gefährtes. Heute kann sie zu ihrem Herrgott, wenn ihre Lage durch einen Schub wieder schlechter wird, sagen: „Da, schau her, hilf mir wieder!“
Für ihren Tod hat sie mit einer Patientenverfügung vorgesorgt: „Ich möchte nicht länger als drei Tage auf eine Inten-

Vivienne
Westwood
BOUDOIR

sivstation. Mein Körper würde das nicht aushalten. Schon eine Reanimierung würde scheitern, weil man mir sämtliche Rippen zerdrücken würde."

Sie haben gesagt, das Leben kommt Ihnen wie ein Spaziergang vor.

Ich denke, beim Spaziergehen sollte man nicht die schönsten Blumen abreißen, sondern sich ein paar Gedanken machen. Es ist etwas vorher und etwas nachher.

Die Zeitspanne des Menschen auf der Welt ist sehr kurz.

Wenn mir jemand gesagt hätte, dass ich 43 Jahre alt werde, hätte ich es nie geglaubt. Und jetzt, wenn man zurück schaut, sind 43 Jahre wie vom Winde verweht.

Was hat sich Ihnen in den 43 Jahren am meisten eingeprägt?

Die Freude am Leben, die Freude, die kleinen Sachen, die ich erreichen wollte, erreicht zu haben. Auch die negativen Dinge sind nicht schlecht, das gehört zum Spaziergang. Was soll's, regnet es halt einmal herunter und man hat keinen Schirm mit. Es ist ein schönes Leben gewesen.

Was macht es lebenswert?

Zufriedenheit. Zufrieden sein mit dem, was man hat. Und dass man sich immer wieder etwas in den Kopf gesetzt hat. Freude empfinden können. Der eine hat eine Freude mit einer Kreuzfahrt, der andere, wenn er sich wieder einen Tag lang die Gabel selbst halten kann. Das heißt nicht, dass man weltfremd ist oder nicht mehr wissen will, was größere Freuden sind. Früher bin ich spontan nach Linz zum Einkaufen gefahren. Das ist vorbei. Jetzt freue ich mich, wenn ich mich bei der Suppe nicht verkutze und keinen halben Erstickungsanfall bekomme.

Bezeichnen Sie sich selbst als behindert?

Ja. Es ist einfach so, dass ich die Beeinträchtigung habe, dass ich den Grenzen ganz nahe bin. Aber ich fühle mich nicht arm und behindert. Der Körper ist für mich eine Hülle. Man freut sich natürlich, wenn jemand hinter die Hülle schaut. Dort bin ich ein ganz normaler Mensch. Nur bei der Hülle kann ich nicht so mithalten wie ein anderer. Die Hülle ist behindert. Das ist so.

Die Hülle hat Eigenarten.

Genau. Sie ist nicht mit Botox aufgespritzt, sie ist nicht langbeinig, sie entspricht auf keinen Fall den Schönheitsidealen, aber sie ist meine Hülle. Sie gehört zu mir. Gott sei Dank hat sich das Bild in der Gesellschaft so gewendet, dass eine Behinderung nicht mehr Angst und Unverständnis verbreitet. Früher wurde weggeschaut. Da habe ich immer dagegen gekämpft, auf meine Art. Früher habe ich mir mit Schminken und Herrichten geholfen, damit man in erster Linie den Menschen sieht und erst in zweiter Linie die Behinderung.

Haben Sie eine Art Mission?

Ja, nämlich meine Art. Leute, schaut her, es ist so, und es ist nicht so schlimm.

Sie sind sicher auf die Welt gekommen, um etwas Besonderes zu sein.

Ich weiß es nicht. Jeder Mensch ist etwas Besonderes.

Das Leben hat mich abgeschliffen

Ulli C., 56, pensioniert, hat ihren einzigen Sohn verloren.

Durch einen Verein, der verwaiste Eltern betreut, werde ich auf Ulli C. aufmerksam. Das ist nicht ihr richtiger Name, aber auch kein falscher. Ulli möchte hinter ihrem Halbpseudonym geschützt bleiben. So könne sie offener erzählen, meint sie bei unseren Vorgesprächen. Wir treffen einander in einem Gasthaus. Ulli wirkt sehr zerbrechlich. Zu Beginn unseres Gespräches legt sie einen Stein auf den Tisch. „Ich muss mich ein bisschen daran festhalten“, sagt sie. Der Stein stammt aus Kroatien, aus dem Meer.

Entwickeln Sie zu Steinen eine spontane Zuneigung?

Einmal sammle ich gerne so archaische Dinge wie Steine, Versteinerungen, Höhlenbärenzähne. Durch die Natur streifen und sammeln, das ist für mich sehr entspannend. Manchmal sammle ich nur Eindrücke. Ein Stein aus dem Meer, der so rund geschliffen ist, der hat noch eine andere Bedeutung. Er steht für dieses schicksalhafte Immer-wieder-Umgedrehtwerden. Der Stein wird durch alles Mögliche gewälzt, bis er schön rund ist. Das kann ich ziemlich direkt auf mich übertragen. So ein Stein ist etwas sehr Beständiges, und in mir gibt es auch etwas Beständiges. Mich stärkt es, wenn ich so etwas in der Hand halte. Diese Steine sind für mich ein Symbol für das Innere, das wir auf dieser Welt weiterentwickeln.

Das ist ein schönes Symbol.

Ich habe auch ganz runde Stein-Kugeln zu Hause. Aber selbst bin ich noch keine runde Kugel.

Hat nicht jede Materie einen heißen Kern, ein Feuer im Inneren?

Im Stein ist das Feuer, das Lebendige, in der Anordnung der Moleküle. Jeder Stein hat ein Kristallgitter oder ist amorph. Das ist für mich die lebendige Information im Stein. Ich sage oft, Steine haben ihr Lied, haben ihre Musik. Die ist hier zu Stein geworden. Man muss es nur lang genug fühlen, es anschauen, sich auf den Felsen legen, dann hört man dieses Lied.

Schafft dieses Lied für Sie eine Verbindung zu all dem, das Sie im Leben abgeschliffen hat?

Ja, die Musik ist für mich etwas, das mich mit der feingeistigen Welt verbindet. So ist es mit der Liebe und der geistigen Welt. Sie existieren auf einer anderen Ebene. Ohne das Aufwachen in der geistigen Welt in mir würde ich nicht mehr hier sitzen. Meine irdische,

emotionale Seele, die hier auf die Erde gehört, ist so durchgebeutelt. Allein nur aus dem Körper heraus entstanden, hätte sie gar nicht die Kraft gehabt, das zu überstehen. Wir sind so verletzbar, so endlich, so leicht zerstörbar. Es ist schon dieser geistige Teil in mir, der mich am Leben hält. Auf den vertraue ich.

Hat Sie diese Art von Vertrauen schon immer begleitet?
Seltsamerweise hatte ich das als Kind schon. Schon als Baby bin ich lebensgefährlich erkrankt. Man hat sehr lange um mein Leben gekämpft. Das hat mich geprägt. Ich war schnell allein, ohne Bindung.

Wie alt waren Sie da?
Fünf Monate. Danach kam ich zur Oma und dann wieder zur Mutter. Ich habe in der frühesten Kindheit nur Brüche erlebt. Meine Oma war für mich wie eine Mutter.

Ulli erlebte in ihrer Familie wenig Zuwendung. Die Eltern seien beide „traumatisierte Kriegskinder" gewesen, zu sehr mit der eigenen Lebensbewältigung beschäftigt, als sich den eigenen Kindern widmen zu können.

Das ist es schwierig für Kinder.
Etwas zu geben, das man selbst nicht hat, geht eben schwer. Das ist sehr mühsam. Ich hatte viele Anregungen als Kind und gute Sicherheit, aber an Wärme kann ich mich kaum erinnern. Ich habe mir die Wärme in der Natur gesucht, bei Tieren, Pflanzen, Steinen, Vögeln. Ich hatte eine Familie, war in guter Gesellschaft, aber Menschen waren wenige dabei. Da war eine klare, reiche Einsamkeit.

Ich kann mir vorstellen, dass das Umgehen mit der Einsamkeit Ihnen im späteren Leben geholfen hat. Haben sich für Sie Orte des Trostes entwickelt?
Ja. Eine ganz starke Verbundenheit, das Gefühl der Geborgenheit in der Natur. Heute noch, wenn ich ganz bedürftig bin, muss ich in die Natur gehen und auch, wenn ich etwas ganz Schönes erleben will. Das heißt, dass ich auf den Berg gehe und dort drei Tage übernachte und ein Stück Natur werde. Dass ich beim Raufsteigen alles andere hinter mir lasse. Das habe ich in den schlimmsten Krankheitszeiten gemacht. Da bin ich hinaufgekrochen, und weil ich nicht weiterkonnte, habe ich da geschlafen, wo ich liegengeblieben bin. Das war meine Rettung, meine Heilung auch. Ich war schon mehrmals sehr schwer krank, und die Natur hat mich gerettet.

Die Familienverhältnisse bringen es mit sich, dass Ulli gleich nach der Matura mit ihrem Freund nach Deutschland geht. Eine glückliche Zeit für das Paar. „Dann kam unser Kind, das war auch etwas ganz Wunderbares."

Das war ein Sohn.
Ja.

Wann wurde Ihr Sohn geboren?
Er ist ein Steinbock und im Jänner 1973 in Stuttgart geboren. Oliver Pascal hieß er. Oliver kommt im englischen Sprachraum von Alfheri, das heißt Elfenkrieger.

War das ein Kind, das Sie sich zu diesem Zeitpunkt gewünscht haben?
Schreiben Sie das alles? Ich erzähle Ihnen das. Die Empfängnis war wie eine Erleuchtung. Es war eine bewusste Empfängnis, auch wenn sie ungeplant war. Abgesehen davon, dass es mit meinem späteren Mann gerade wunderschön war, hörte ich plötzlich eine Frage. „Willst du, dass ich zu dir komme? Kann ich kommen? Bist du bereit für mich?" Ich war in dem Moment in einem anderen Bewusstseinszustand. Und ich habe sofort ja gesagt, denn das Wesen, das sich da angeboten hat, das war die Liebe pur. Dann kam die Frage noch einmal und viel ernster: „Willst du, dass ich zu dir komme, auch wenn es schwer wird?" Was schwer ist, wusste ich, es war mir ein Leichtes noch immer, ganz freudig, ohne den geringsten Zweifel ja zu sagen.

Und dann kam die Frage noch einmal. „Willst du, dass ich zu dir komme? Nimmst du mich an, auch wenn es so schwer wird, wie du es dir noch nicht einmal vorstellen kannst, sodass du glauben wirst, du musst daran zerbrechen?" Diese Frage kam. Und das Wesen, das diese Frage gestellt hat, war die reine Liebe. Es gab überhaupt keinen Zweifel, aber einen tiefen Schreck. Es gab dabei eine Ausdehnung der Seele in eine Zukunftsahnung hinein, die mir gezeigt hat, ich werde noch eine unglaublich gut gedehnte, große Seele brauchen. Aber da war kein Zweifel. Dieses dritte Ja war die reine Freude. Augenblicklich wusste ich, ich bin schwanger.

Kann man sich das als innerpsychischen Vorgang außerhalb von Zeit und Raum vorstellen?

Ja, außerhalb von Zeit und Raum. Außerhalb der Psyche. In dem Moment war ich mit etwas anderem in Kontakt. Da hat sich das Tor geöffnet, das in meinem Leben oft geöffnet war. Dieses Tor in ein geistiges Leben. Wobei Geist für mich auch Liebe ist, der Raum, der hinter unserer etwas schwierigen Welt steht, und der unser Leben begleitet, bewacht, auch erschafft, und uns danach auch wieder aufnimmt. Das hat mich immer durchgetragen.

Dieses Wesen, das aus der reinen Liebe entstanden ist, war Oliver.

Die Liebe zu meinem Mann war noch nicht die reine Liebe. Wir waren sehr jung, und wie liebesfähig ist man schon in diesem Alter? Aber die Begegnung mit dieser anderen Form von Liebe war mein Sohn, ja.

Ulli und ihr Mann übersiedeln mit dem Baby nach Berlin. Ulli engagiert sich in einem „Kinderladen", der zur damals entstehenden Lebenskultur infolge der 68er-Generation gehörte. Die Ehe gibt sie auf. Ulli lebt nach ungünstiger Scheidung in einem Abbruchhaus, dann in einem instandgesetzten Haus. Sie studiert Sozialpädagogik und Psychologie und arbeitet mit inhaftierten Frauen. In dieser Zeit, erzählt sie, sei sie selbst Frau geworden. „Berlin war eine Turbo-Entwicklungshilfe". Ihr nächstes Projekt wäre ein Einsatz als Tischlerin in einer „Nicaragua-Brigade" gewesen, doch da hat sie einen schweren Motorradunfall. Und

erkrankt an Tuberkulose. Sie verlässt Berlin und das anschließend erholsame Landleben in Norddeutschland und kehrt mit ihrem damals vierzehnjährigen Sohn nach Österreich zurück. Eine etwas ruhigere Lebensphase beginnt. Ulli arbeitet mit Freude und engagiert als Psychotherapeutin. Ihr Sohn wächst heran, zieht aus, wird Vater und stirbt mit 28 Jahren unter nicht klärbaren Umständen. „Meine Welt brach zusammen", sagt Ulli. Sie selbst erkrankt zwei Jahre später an einer unerkannten Borreliose, hat etliche meningitische Schübe und wird arbeitsunfähig pensioniert. Der Verlust der schönen Praxis wiegt schwer.

Wie offen ist Ihre Trauer um den Sohn noch?

Jetzt sind sieben Jahre vorbei. Das ist eine gute Zeit, sich dem Außen zuzuwenden. Ich werde bis an mein Lebensende um Oliver trauern, weil ich als Mutter einen so geliebten Menschen verloren habe, einen so begabten, wertvollen Menschen. Die Trauer bleibt. Was aber gegangen ist, sind die Traumata. Der Schock ist aufgelöst, die Erinnerung in mir bleibt. Ich kann noch anfangen zu zittern und mir wird noch kalt dabei. Der Körper hat noch sein Gedächtnis. Ich habe auch noch meine Weinanfälle. Die Sehnsucht nach jemandem, den man so lange nicht gesehen hat und den man mehr liebt als alles andere auf der Welt, diese Sehnsucht wird immer größer, je länger man ihn nicht sieht. Heute fühle ich mich wieder als Mutter. Ich habe keinen Zusammenbruch, wenn jemand fragt: „Haben Sie Kinder?" Meine Beziehung zu ihm ist geheilt. Ich habe durch Schuldgefühle, die in der Trauer immer kommen, fast jeden Winkel unserer vergangenen Beziehung durchleuchtet. Ich habe auch Fehler gemacht, konnte vieles nicht geben. Er hat mir alles verziehen, lang vor dem Tod. Ich musste mir selbst verzeihen lernen. Schuldgefühle helfen, hinzuschauen und sich selbst zu verzeihen. Ich rede gerne von ihm. Nichts ist schöner als das. Er lebt für mich, er war 28, als er hinüberging. Dass er drüben angekommen ist, weiß ich. Denn eine Mutter will immer wissen, wo ihr Kind ist.

Wodurch weiß man das?

Ich kann es fühlen, ich kann es hören. Er redet mit mir, ich rede mit ihm. Er macht ganz überraschende Scherzchen. Er ist immer noch jugendlich und humorvoll. Er hat einen sehr trockenen Humor, und das liebe ich sehr. Wenn es mir gut geht, höre ich ihn. Wenn es mir schlecht geht, nicht. Nur wenn ich ganz entspannt, leicht und froh bin, bekomme ich Kontakt zu seiner plötzlichen Präsenz.

Hören Sie ihn als innere Stimme?

Ja. Neulich saßen wir nach einem Bergausflug in einer Hütte und wir erzählten uns, was unsere Kinder gerne gegessen haben. Ich sagte, der Oliver hat so gern gebackene Mäuse gegessen. Plötzlich höre ich ihn sagen: „Ich esse jetzt gebackene Engerl." Ein grober Scherz. Doch er hat dies in einem so unschuldigen, spaßhaften Ton gesagt, dass ich ob dieser Provokation in Lachen ausbrach. Danach habe ich erzählt, warum, und die anwesenden Eltern wussten zum Glück, dass man so mit verstorbenen Kindern reden kann. Wir haben sehr gelacht!

Sie haben gesagt, man muss die Trauer leben, man muss hinschauen. Ist der natürliche Mechanismus nicht eher, vor der Situation zu flüchten?

Nein. Nach dem Tod fängt ein intensiver Suchprozess an. Wo ist mein Kind? Ich will dort hin, wo mein Kind ist. Durch dieses Bemühen, zum Kind hin zu fühlen, wenn man schon nicht zum Kind gehen kann, bleibt dieses Tor, dieser Übergang, offen. Durch dieses offene Tor strömt dann nicht nur deine Liebe, deine Angst, deine Verzweiflung und alles Mögliche hinüber, sondern es kommt auch viel zurück. Ich bin im Grunde christlich. Für mich ist ein Leben nach dem Tod etwas ganz Reales geworden. Für mich lebt mein Kind drüben. Es schläft nicht bis zum jüngsten Tag im Grab. Es lebt drüben, hört uns jetzt zu. Nicht nur meine Liebe will hinübergelangen, sondern seine Liebe gelangt auch bis zu mir. Alle trauernden Eltern sagen, mein

Kind schickt mir auch andere Zeichen: Plötzlich fängt das ausgeschaltete Radio an zu spielen, das Lieblingslied des Kindes, plötzlich fällt ein Bild runter, das mit dem Kind etwas zu tun hat, plötzlich taucht das Auto mit dem Autokennzeichen deines Kindes vor dir auf. Es gibt einen Kontakt, der ohne unser Zutun zurückkommt. Und das hat mich zutiefst getröstet. Das sind Beweise, die unser Verstand braucht. Das Herz weiß ohnehin, das Kind lebt, meinem Kind geht es gut. Es hat die beste Gesellschaft oben, es ist geborgen. Oliver ist in dieser Liebe, aus der er gekommen ist. Das habe ich auch bei der Empfängnis so deutlich gespürt.

Ans Aufgeben haben Sie nie gedacht?

Ich selbst war in meinem Leben oft an dem Punkt, dass ich gedacht habe, ich kann nicht mehr und ich will nicht mehr. Gott sei Dank war in meinem Körper der Lebenswille immer stark. Wenn mein Geist nicht mehr konnte, wenn meine Seele nicht mehr wollte oder konnte, weil sie sich zu verletzt fühlte, hat mein Körper einfach nichts unternommen, das ihn umbringt. Mein Körper wollte immer leben. Das hat mich gerettet. Jetzt, wo der Körper teilweise ganz arg an der Grenze war, hätte ein paar Mal nicht mehr viel gefehlt …

… aber im entscheidenden Moment hat immer irgendetwas gesagt, nein?

Im entscheidenden Moment habe ich nicht mehr gesagt: „nein", da habe ich gesagt, „es darf geschehen". Ich habe ja noch eine Enkelin, die auf mich wartet, und die ich sehr liebe. Die heißt so wie ich. Meine Qualitäten habe ich nicht bekommen, um damit zu sterben. Ich habe ein volles Schatzkästchen, das ich austeilen möchte. Wenn das ausgegeben ist, kann ich gehen. Mit einem vollen Schatzkästchen zu sterben, ist eine Verschwendung dieses Vermögens, dieser Liebe.

Das, womit Sie im Leben abgeschliffen wurden, hat Ihr Schatzkästlein gefüllt?

Ja.

Was ist das Wertvollste, das Sie in diesem Kästchen haben?

Mitgefühl. Und ich musste erst auch mit mir selbst Mitgefühl entwickeln, da haben mir die eigenen Therapien geholfen.

Menschen in Trauer sagen oft, sie möchten kein Mitleid, sondern Mitgefühl.

Mitgefühl heißt, die Würde und den Wert des Menschen als Nummer eins vor dich hinzustellen. Mitgefühl hat damit zu tun, dass ich mich nicht als Lebensmittelpunkt betrachte, sondern dass ich weiß, ich bin eingebunden in eine menschliche Gemeinschaft. Wenn es einem von denen schlecht geht, wenn einer von denen umkommt, wenn einer von denen im Gefängnis sitzt, wen einer von denen Unrecht erleidet, dann betrifft mich das als Mitglied dieser menschlichen Familie. Da gibt es den schönen Satz: „Solange ein Mensch dieser Welt noch unfrei ist, kann ich nicht wirklich frei sein." Aus dem entsteht Mitgefühl, ob es religiös motiviert ist oder politisch oder nur auf der Ebene der Gerechtigkeit. Es ist immer Mitgefühl, das uns menschlich macht.

Sie hatten etliche Krankheiten. Ergeben die, in einem großen Rahmen gesehen, für Sie einen Sinn?

Nein. Sinn haben die überhaupt nicht. Leid ist das Sinnloseste, was es gibt. Mit meinem irdischen, kleinen Gehirn und meiner menschlichen Verantwortung kann ich sagen, ich wollte keinen Schmerz, ich wollte kein Leid, ich wollte kein totes Kind. Das hat keinen Sinn. Ich kann aber sagen: „Das ist mir passiert." Unschuldig. Als guter Mensch bin ich zu solchem Leid, zu solcher Ungerechtigkeit gekommen. Was mache ich damit? Ja, ich nütze es, um zu wachsen, damit ich keinen Schaden an meiner unsterblichen Seele davontrage.

Meine Traumwelt ist die Realität

Thomas Geierspichler, 33, Rennrollstuhlfahrer, ist seit seinem 18. Lebensjahr querschnittgelähmt.

Vor der Haustür am Reschbergerhof in Anif bei Salzburg stehen zwei schnittige, orange Rennrollstühle. Sie haben vom Design etwas von einem Formel 1-Boliden, nur werden sie mit Muskelkraft betrieben. Thomas Geierspichler hat dafür offenkundig so viel Energie, dass er zuletzt bei den Paraolympics in Peking 2008 Gold mit Weltrekord im Rennrollstuhl-Marathon gewann. Einer von vielen Siegen und Rekorden, die der 33-jährige Salzburger Jahr um Jahr erringt. Dabei hatte es nach seinem Unfall gar nicht so gut für ihn ausgesehen. Wenige Tage vor seinem 18. Geburtstag ist er als Beifahrer mit einem Freund auf dem Heimweg von der Disko. Thomas Geierspichler schläft, sein Freund nickt am Steuer ein – „zusammen mit einer Kurve eine schlechte Kombination". Ein Arzt im Rehabilitationszentrum sagt ihm ungeschminkt: „Du wirst nie wieder gehen können." Auf die niederschmetternde Diagnose folgen drei Jahre mit schweren Alkohol- und Drogenproblemen. Thomas driftet in eine „Parallelwelt" ab. Eigentlich hätte er als Bauer den Hof der Eltern übernehmen sollen. Nun sieht er für sich keine Zukunft. Eine Ausbildung als Bürokaufmann und Webdesigner schaffen keine attraktive Perspektive. „Zigaretten, Joints, Whisky und 12, 13 Halbe Bier", so beschreibt Thomas Geierspichler das tägliche Quantum, das ihm die Illusion ermöglicht, gar kein so schlechtes Leben zu haben. Bis er in einer Diskothek unvermutet von einem Mann angesprochen wird, der meint, der Glaube und die Bibel könnten Thomas einen neuen Lebenshorizont geben. Erst weist er das von sich. Dann lässt er sich auf erste Treffen mit Mitgliedern einer „Freien Christengemeinde" ein, die ihr Leben ganz nach der Bibel ausgerichtet haben. Und schließlich kommt die „Lebenswende", wie er das selbst bezeichnet. „Sind wir eh per du?", eröffnet Thomas Geierspichler das Gespräch.

Warst du damals an einem Punkt, wo du dir die Frage gestellt hast: „Entweder gehe ich an dem jetzt zugrunde oder ich mache etwas anders?"

Ja, das war am 28. 12. 97. Da war ich bei Bekannten auf dem Gaisberg, bei Mitgliedern der Christengemeinde. Wir verbrachten einen netten Nachmittag, bis zum Abend. Danach setzte ich mich ins Auto und griff als erstes wieder nach den Zigaretten. Die Christen hatten mir vorher nahegelegt: „Versuche in der Bibel zu lesen. Mehr als dass es dir helfen kann, kann nicht passieren." Als ich nach den Zigaretten greifen wollte, war mein erster Gedanke: „Jetzt bist du da acht Stunden oben gewesen. Es war ein netter Nachmittag, und jetzt steigst du in dein Auto, dein gewohntes Umfeld, und

PALFINGER

greifst sofort nach einer Zigarette. Daran hast du oben nicht gedacht." Da habe ich irgendwie gesehen, dass es zwei verschiedene Geistesmächte gibt. Die Macht der Gewohntheit und die Macht der neuen Welt, einer positiven, guten Welt. Dann kam der Gedanke: „Probier es, hör auf zu rauchen!" Und dann der Einwand: „Geh, das schaffst du sowieso nicht." Das war für mich neu, dass es da zwei verschiedene Mächte gibt, den Teufel und Gott. Ich glaube, Teufel und Gott sind nur eine Versinnbildlichung. Wenn man etwas Positives oder Negatives personifiziert, kann man es auf den Punkt bringen. Und wenn man es auf den Punkt bringt, kann man damit umgehen. So funktioniert für mich der Glaube. Aber in großem Respekt Gott gegenüber. Gott ist für mich Geist. Ein positiver Geist, ein unendlicher Fluss, der keine Blockade hat und nicht stoppt. Der Teufel will dich stoppen. Dann ist es in mir hin und her gegangen. Ich habe gesagt: „Wenn es dich wirklich gibt und in der Bibel steht, alles ist möglich dem, der glaubt, dann schaue ich mir das einmal an. Dann probiere ich das einmal." Ich habe mir kein Zeitlimit gesetzt, sondern gesagt: „Okay, ich probiere es einmal aus."

Das war, nicht zu rauchen?

Ja, und dann habe ich gesagt: „Gut, dann probiere ich es mit dem Kiffen und dem Saufen auch gleich." Denn wenn, mache ich gleich alles auf einmal. Ich habe gesagt: „So, das ist der letzte Zug, ich werfe die Tschick hinaus." Und dann ist auf einmal ganz viel Energie in mir aufgestiegen. Ich habe Hanteltraining gemacht und Liegestütz und so. Ich glaube, dass sich der Körper selbst heilen kann oder Gott das heilen kann, wenn man alle Blockaden im Körper löst. Dann ist der Energiefluss da. In mir ist immer mehr Energie aufgestiegen. Ich habe geglaubt, ich muss so drauf sein wie der Jesus und muss 40 Tage fasten. Also habe ich jeden Tag nur eine Hildegard-von Bingen-Fastensuppe gegessen und Wasser getrunken.

Warst du so dick?

Nein. Ich habe einfach nur gespürt, dass ich das für die Reinigung brauche. Der Kampf mit dem Hunger war in meinem Fall wie ein Kampf mit dem Teufel. Der sagt: „Komm, iss jetzt etwas", und ich sage: „Nein, ich will den Weg Gottes gehen, und ich will dieser Macht widerstehen." Das war für mich dann ein richtiger Spaß. Langsam habe ich durch dieses Fasten und Bibellesen viel Hoffnung bekommen und nach vorne schauen können. Das ganze Unglück ist aus mir herausgebrochen. Ich habe viel geweint. Mir wurde immer leichter und leichter. Und dann ist passiert, dass ich mich so annehmen konnte, wie ich bin. Weil ich einfach auf dem Fundament der Wahrhaftigkeit gestanden bin. Und weil ich da gestanden bin, wurde ich authentisch mit mir selbst. Wenn du authentisch mit dir selbst bist, bekommst du durch Gefühle, Träume, Visionen deine nächsten Schritte aufgezeigt. 1998 war in Nagano der Sturz von Hermann Maier. Als er stürzte, dachte ich, der ist tot oder querschnittgelähmt. Drei Tage später wurde er Olympiasieger. Dann haben sie die Bundeshymne gespielt. Mir hat es die Tränen richtig herausgedrückt und die Gänsehaut aufgezogen. Dann hatte ich Bilder im Kopf, wie ich früher, als Kind, auf dem Diwan gesessen bin, wenn die Streif-Abfahrt übertragen wurde. Ich hatte dieselben Gefühle, Gänsehaut und Tränen. Aber ich habe das hinuntergewürgt. Als Kind konnte ich nicht einordnen, warum ich mich da freue. Wenn ich Weltmeisterschaften oder Olympische Spiele im Fernsehen gesehen habe, ist mir das immer sehr nahe gegangen. Da habe ich gewusst, so arbeitet Gott. Er kommt nicht herunter in einem Feuerschwall, sondern er gibt dir ein tiefes inneres Verlangen oder eine Leidenschaft oder einen Herzenswunsch, und das musst du dann tun. Der Hermann Maier hat auch nicht als Talent gegolten und keiner hat ihn mögen. Trotzdem hat er es geschafft. Weil er halt einfach das im Kopf freigesetzt hat. Und warum soll ich das nicht können? Da hatte ich den Gedanken, ich will für mich einmal die Bundeshymne hören. So arbeitet Gott. Er gibt dir eine Vision. Die hast du immer am Horizont und dann gehst du einfach darauf zu. Es wird auch schwierig über Steine und Hügel. Aber wenn du immer der Vision nachläufst, merkst du gar nicht, dass du über Steine und Hügel gehst. Und plötzlich bist du dann dort.

Das hört sich jetzt recht einfach an.
Einfach? Sicher ist es schwierig und zäh. Und je näher du zum Ziel kommst, desto schwieriger werden die Umstände. Natürlich, der Teufel, das ist der, wo du dich fragst, wie kommst du über diese Mauer. Nur, wenn du dich bei der Mauer verrennst und nicht sagst, du willst da drüber, wird es schwierig. Der Teufel baut natürlich immer größere Mauern. Aber dahinter ist die Vision, und sie existiert. Es sind zwar Mauern und Berge da, aber es gibt immer wieder eine Möglichkeit, wie du drüberkommst. Das erkläre ich wie einen James-Bond-Haken, den man in ein Mauerwerk hinaufschießt, und dann ziehst du dich hinauf. Sicher ist es schwierig, dass du hinaufkommst. Aber, wenn du das Seil nicht auslässt, dann bist du irgendwann einmal oben. Du musst halt daran ziehen, bis du oben bist.

Hast du eine Idee, warum deine Vision ein Sieg war?
Ich habe die Vision ja nicht selbst kreiert. Sie ist gekommen. Man kann nicht einfach beschreiben, was Gott von einem will. Es wird einfach eingegeben. Ich hätte nichts anderes tun können. Sogar, wenn ich einen anderen guten Weg eingeschlagen hätte, der aber nicht meine Bestimmung war, hätte ich mein Ziel verfehlt. Es war einfach da. Mir geht es auch nicht um den Sieg. Ich will die Bundeshymne für mich spielen hören. Ich will nicht andere schlagen oder gegen sie kämpfen. Das ist der Unterschied. Wenn du andere Leute schlagen willst und dich darauf konzentrierst, wie schlage ich den, dann verfehlst du dein Ziel. Meine Kraft ist daraus entstanden, dass ich gesagt habe: „Ich will die Bundeshymne für mich spielen hören." Daraus resultiert, dass du Weltrekorde fährst und Rennen gewinnst. Daraus kommt die Motivation, dass du hart trainierst, härter als andere vielleicht, dass du das Alzerl mehr gibst, damit du es schaffst. Du schöpfst die maximale Energie frei, wenn du immer deine Vision vor Augen hast.

Thomas Geierspichler sieht im Fernsehen erste Rennrollstuhlrennen und hat die Idee, das könnte ein Sport für ihn sein. Turnen und Sport waren schon als Kind für den quirligen Thomas ein Vergnügen. Jetzt werden sie zur Möglichkeit, die überschießenden Energien zu kanalisieren. Er besucht ein Trainingslager bei Christoph Etzelsdorfer, der damals schon ein renommierter Rennrollstuhlfahrer ist. Thomas weiß danach: „Das will ich machen." Er bekommt einen Trainingsplan und beißt sich durch. Als „harter Hund", wie er sich selbst einschätzt.

Wann wurde die Bundeshymne das erste Mal für dich gespielt?
Athen 2004 beim 1500er.

Wie war das dann?
Sehr befreiend. Ich hatte vorher zwei Rennen. Beim 5000er war plötzlich ein Japaner da. Das hat mich voll aus dem Konzept gebracht, denn zu der Zeit habe ich relativ viel dominiert. Und plötzlich habe ich wieder gesehen, ganz knapp, bevor du dein Ziel erreichst, kommt der Teufel noch einmal und möchte dich niederhalten. Ich habe gesagt: „Ja, das schaffe ich nicht mehr, gegen den habe ich keine Chance." Da musst du wieder sagen: „Auch wenn du es nicht schaffst, vertrau einfach auf Gott, werde wieder eins mit dir selbst. Schau nicht auf die Leute. Mach einfach deinen eigenen Weg und mach dein eigenes Rennen. Fahr einfach." Und dann ist es beim 1500er passiert, weil ich nicht auf die Gegner geschaut habe, sondern weil ich eins mit mir selbst war, weil ich es einfach habe rennen lassen. Da lernt man so viel fürs Leben. Dass man Sachen nicht erzwingen kann, sondern dass man es einfach passieren lassen muss. Schon mit dem Ziel

im Hintergrund. Man darf es nicht einfach dahinplätschern lassen. Aber wenn du die Vision hast, dann kannst du es im Moment einfach passieren lassen.

Wie war das Gefühl beim Klang der Bundeshymne?

Das kann man nicht richtig registrieren. Es ist einfach eine Riesenbelastung von mir abgefallen. Ich habe geweint und war glücklich. Im Nachhinein, wenn man die Videos im Fernsehen sieht, ist es einfach eine Genugtuung. Aber es geht nicht darum zu sagen: „Ich bin der Medaillengewinner und ich habe das und das gewonnen." Das ist super. Du kannst stolz darauf sein. Und ich bin voller Dankbarkeit für alle, die mich unterstützt haben. Meine Mama hat ihr ganzes Leben für mich eingesetzt und mein damaliger Trainer Walter Gfrerer, mittlerweile ein guter Freund, hatte das richtige Gefühl für meine Motive und konnte genau auf mich eingehen. Er hat mir gezeigt, dass alles möglich ist und man an seiner Vision festhalten muss. Dieser Rückhalt bei meiner Mutter und meinem Trainer hat mir den nötigen Kick gegeben, alles erreichen zu können. Ich hänge meine Medaillen aber auch nicht auf. Bei mir sind sie in einer Kiste. Für mich geht es um das Erlebte. Das Schöne ist der Weg zum Ziel. Der Erfolg ist nur eine Bestätigung.

Der entscheidende Moment ist die Gegenwart

Die Gegenwart ist das Wichtigste. Eins zu sein mit sich selbst. Dann ist man auch eins mit Gott. Wenn du authentisch bist, bist du bei dir selbst. Dann ist der Energiefluss da. Das wäre die Idealvorstellung.

Das geht also auch nicht immer.

Klar. Ich bin nicht immer authentisch. Aber dann wird mir bewusst, dass ich es nicht bin. Man muss aber das Ideal haben, dass man immer mehr Minuten, Sekunden, Stunden authentisch ist. Man kann das Ideal nie erreichen, weil man immer wieder Fehler macht, für die man sich schämt. Aber es geht um das Ideal. Gott verzeiht einem immer wieder die Fehler. Aber wichtig ist, zu erkennen: In jedem steckt die Anlage, Großartiges zu leisten und Erfolg zu haben. Der Sport ist einfach meine Art, mich auszudrücken. Das ist mein Ventil. Da kann ich am leichtesten eins mit mir selbst sein. Wenn ich fahre, bin ich Gott am nächsten.

Thomas Geierspichler hat seine enge Bindung an die Freie Christengemeinde in der Zwischenzeit gelöst. Er wolle ein „eigener Mensch" bleiben, wie er sagt. In der Bibel liest er nach wie vor, wenn auch eher spontan. Vor allem Psalmen sprechen ihn an. Verse, die er im Leben anwenden kann. Mit dem Glauben habe er gelernt, der Realität ins Auge zu sehen, seiner Realität. Und die ist: Thomas Geierspichler sitzt im Rollstuhl.

Welches Verhältnis hast du zu deinen Beinen?

Ich fühle mich eins. Ich kann die Beine nicht benutzen. Aber ich habe auch am Oberkörper eine Lähmung: ich habe keine Bauchmuskeln. Es gibt da mehr Sachen, die ich nicht bewegen kann. Ich fühle mich trotzdem eins mit mir selbst. Die Ist-Situation ist, dass ich nicht gehen kann. Ich warte aber nur auf den Moment, wo ich mich nach oben ausstrecken kann, damit die Energie so durchgeht, dass ich plötzlich die Beine bewegen kann.

Du meinst, das könnte sein?

Ich glaube nach wie vor an körperliche Heilung. Ich glaube an komplette, hundertprozentige Heilung. Ich habe kein Problem, wenn es nicht passiert. Ich sterbe als glücklicher Mensch, auch wenn ich im Rollstuhl sitze. Heilung kann man aber nur erfahren, wenn man auch daran glaubt, und wenn man sich nach oben hin ausstreckt. Wenn du nicht glaubst, kann diese unendliche Energie nicht in dich fließen. Wenn du offen bist wie ein Trichter, kann sie, wenn es sein soll, durch dich fließen. Allein durch diese Haltung bekomme ich so viel Energie für mein Leben, dass sie mich für viele Situationen stärker macht als andere, die sich nach oben dicht machen.

Ist eine eigene Familie für dich eine Vision?

Wenn es passt und kommt, schon. Eigentlich gern sogar. Frau und Kinder, das muss einfach passen. Das möchte ich auf alle Fälle. Ich möchte gern einen Buben oder ein Dirndl in die Welt setzen.

Ist schon die Zeit der Familienplanung?

Ich kann das nicht sagen. In meinem Kopf schwebt 2012 mit London, die nächste Olympiade.

Da möchtest du noch einmal antreten?

Jetzt ist der Plan so. Aber ich habe mich nie festgelegt. Das ist mein Ziel. Aber alles, was daherkommt, kommt. Ich mache alles so lange aus Überzeugung, bis Gott sagt: „Das ist der nächste Weg." Wenn vor Peking die Frau des Lebens und Kinder dahergekommen wären, hätte ich es auch gemacht. Mir ist wichtiger, dass ich meine Bestimmung lebe, als dass ich einem sportlichen Erfolg nacheifere. Ich mache immer das, was in meinem Kopf ist. Das ist gut für mich. Das mache ich aus voller Überzeugung.

Heute ist Thomas Geierspichler prominent, er wird in Fernsehshows eingeladen und zu Society-Events. Davon wolle er sich aber nicht blenden lassen, sagt er immer wieder. Denn man lebe auf diese Art zu leicht „am Ziel vorbei".

Was ist deine Traumwelt?

Einfach die Realität. Da, wo jeder von uns ist. Viele Leute schätzen es, dass ich eine Goldene habe, aber ich habe das nur erreicht, weil ich meinen eigenen, für mich bestimmten Weg gegangen bin. Nicht, weil ich Ansehen oder was weiß ich angestrebt habe. Jeder Mensch, egal, welchen Titel er hat, ist der Mensch, der er wirklich ist, wenn er um drei Uhr früh im Bett liegt. Da hat er genauso seine Probleme mit Krankheit oder Familie oder er hat irgendeinen Scheiß gedreht. Das ist die Realität. Es gibt welche, die meinen, dass die High-Society-Welt die erstrebenswerte oder die reale Welt ist. Aber das ist sie eben nicht. Weil wir nur einfache Menschen sind. Wir sind nackt auf die Welt gekommen, wir sind mit Problemen groß geworden, mit Krankheiten konfrontiert. Das ist die reale Welt und das ist mir bewusst. Dorthin versuche ich mich immer wieder herunterzuholen. Die Authentizität, die Wahrhaftigkeit und die Realität, die sind wichtig. Ich spüre jeden Tag, dass ich im Rollstuhl sitze. So ist die Realität. Da muss ich ansetzen. Du kannst deine nächsten Schritte nur gehen, wenn du weißt, wo du bist. Du kannst auf nichts aufbauen, das gar nicht existiert. Das ist bei mir: Ich bin behindert und sitze im Rollstuhl. Sobald du der Realität ins Auge sehen und die Realität akzeptieren kannst, hast du ein Fundament, wo du ansetzen kannst für den nächsten Schritt.

Rock Classics: AC/DC
Rock Classics
+ 4 Poster
+ 10 Track CD
THE ROOTS OF AC/DC
THE ROOTS OF AC/DC
AC/DC
DAS SONDERHEFT
DIE BAND, DIE MYTHEN,
DIE FANS, DIE INTERVIEWS,
DIE SAMMLERSTÜCK
Nr.1 Mai/Juni/Juli 2009

Zwanzig Jahre sind gelöscht

Barbara Ghesla, 37, hatte als Polizistin im Dienst einen schweren Autounfall und erlitt dabei eine retrograde Amnesie.

Barbara Ghesla hat die Fotoalben schon oft durchgeschaut. Immer wieder dieselben Szenen: Ein Auto ist auf schnurgerader Straße gegen einen Baum gekracht, eine junge Frau wird aus dem Wrack geschnitten, Blaulicht, Rettung und Unfallchaos. Die junge Frau im Wrack ist Barbara. Damals 25 und Polizistin in Bregenz, auf Blaulichteinsatz wegen eines Diebstahls in einem Imbisslokal. Zumindest hat man es ihr so erzählt, und so steht es in den Akten. Denn eigene Erinnerungen daran hat Barbara nicht. Wie sie überhaupt alles vergessen hat, was sich zwischen ihrem fünften und ihrem 25. Lebensjahr ereignet hat. Barbara begrüßt mich freundlich in ihrer Wohnung am Bodensee und geht mit einem fast unmerklichen Schwanken vor mir zum Küchentisch.

Wie geht es Ihnen heute?
Gut. Ich bin gestern von der Reha gekommen und war heute bei einer Beerdigung. Ich bin beim Kirchenchor und da ist der Dirigent gestorben.

In welchem Chor singen Sie?
Im Kloster in der Mehrerau im Kirchenchor. Früher war ich im Festspielchor in Bregenz, aber jetzt kann ich auf der Bühne ja nicht mehr herumtanzen.

Das ist nahe an Bregenz?
Ja, das Kloster Mehrerau befindet sich direkt in Bregenz. Ich habe jeden Tag in der Umgebung von Bregenz ein oder zwei Therapien. Physiotherapie, Ergotherapie, Massage, Triggerpunktbehandlung, Bewegungsbehandlung, Hippotherapie ... ganz verschieden.

Was bewirkt das?
Dass es so bleibt. Wenn ich zwei Wochen nichts mache, falle ich wieder zurück, wie es vorher war. Da war ich im Rollstuhl und linksseitig komplett gelähmt. Kinder können das, was sie gelernt haben, behalten. Bei mir fehlt das durch den Gehirnschaden. Wenn ich etwas eine Woche nicht mache, habe ich es vergessen.

Sie vergessen die Bewegung?
Ja. Die Bewegung beziehungsweise das Bewegungsmuster wird nicht mehr abgespeichert. Ich war ja linksseitig komplett gelähmt.

Die Lähmung ist ganz oder fast weg?
Meine Lähmung ist jetzt kaum mehr erkennbar, aber die Therapeuten sehen es sofort. Die größten Prob-

leme habe ich noch mit der Koordination: reden und gehen gleichzeitig geht zum Beispiel nicht. Oder über eine Stiege ohne Geländer zu gehen, funktioniert auch nicht.

Laufen geht?

Ja, wenn es nicht gefährlich ist. Aufwärts geht, steil abwärts geht nicht. Da fehlt das Bremsen. Das funktioniert nicht. Ich glaube, da fehlen die Drähte im Hirn. Der linke Fuß haut bergab einfach ab.

Wie ist das Gefühl? Wie auf schwankendem Boden?

Es ist schwer zu beschreiben. Es ist schwierig für mich, aufrecht gerade zu stehen. Wenn ich irgendwo hinaufgehen will, „haut" das Becken ab. Auf einem Bein zu stehen, ist fast nicht möglich.

Welches Verhältnis haben Sie zu Ihrer linken Hand?

Zur linken Hand habe ich immer Pfote gesagt, weil sie gelähmt war. Die Therapeuten haben gesagt, ich solle das nicht tun. Jetzt ist sie wieder meine linke Hand. Damit muss man leben und das Beste daraus machen. Auf der Reha sieht man Leute ohne Arme und ohne Beine, da weiß ich erst, wie gut es bei mir ist, wenn auch etwas patschert.

Sind die Alltagsbewegungen möglich?

Langsamer als normal, ich brauche doppelt so lange wie ein Gesunder.

Brauchen Sie deshalb so lange, weil Sie überlegen müssen?

Weil es nur langsam geht. Wenn ich irgendwo hinaufklettern muss, wird es schwierig, weil das Gleichgewicht komplett kaputt ist. Deswegen habe ich ein Dreirad als Fahrrad. Auf einem normalen Rad könnte ich nicht sitzen, da kippe ich um wegen meines fehlenden Gleichgewichtssinns.

Das ist durch den Gehirnschaden bedingt?

Oder durch das kaputte Ohr. Ich bin auf einem Ohr total taub, weil da beim Unfall der Baum gekommen ist. Bei meinem Schädelbruch wurde auch mein Ohr verletzt. Meist trage ich ein Hörgerät.

Durch die Amnesie sind die Erinnerungen weg. Gibt es Erinnerungen, wie eine Bewegung abläuft?
Die müssten schon da sein, aber wie bei einem Kind. Als ich mich zum ersten Mal im Spiegel gesehen habe, habe ich gesehen, wie schief ich laufe, dabei war ich der Meinung, ich laufe gerade. Diese Selbstwahrnehmung fehlt mir.

Fehlen da die Bilder im Kopf?
Weil ich es ja nicht spüre auf der linken Seite. Am Anfang habe ich mir über die Hand gebügelt und es erst gemerkt, wenn ich Blasen bekommen habe, weil die Nerven einfach kaputt sind. Mittlerweile ist es etwas besser.

Links ist die Seite, wo der Baum war.
Da ist der Baum gekommen, da ist das Hirn nach rechts gerutscht, da waren dann die Blutungen. Die Seite gegenüber hat es getroffen.

Sie sagen, alles bis 20 Jahre zurück können Sie nicht mehr erinnern. Was vor Ihrem fünften Lebensjahr war, erinnern Sie?
Ja. An die Tanten und dass ich dick war.

Aber Sie haben immer gewusst, wer Sie sind?
Ungefähr, ja.

Was ist ungefähr?
Dass ich bei der Polizei war, habe ich nicht mehr gewusst. Dass ich in der Klosterschule war, war auch weg.

Und wie wissen Sie es jetzt?
Anhand von Fotos und wenn die Leute es mir erzählen.

Und Sie glauben das?
Ich muss es glauben, was soll ich tun?

Wenn Sie ein Foto von sich sehen, von der Firmung oder der Gendarmerieschule, stellen Sie eine Verbindung zu sich selbst her?
Nein, das ist total fremd.

Und wenn Ihnen dann jemand sagt, das bist du, die Barbara?
Dann muss ich es glauben, aber erinnern kann ich mich nicht mehr. Das ist eigenartig und anfangs denkt man, man spinne.

Barbara ist nach dem Unfall alles fremd, auch ihr Lebensgefährte Andreas. Obwohl sie mit ihm gerade ein Haus baut und die Hochzeit plant. Andreas ist Polizist wie sie und kümmert sich nach dem Unfall sehr umsichtig um Barbara.

Wie lange waren Sie im Koma?
Zuerst zwei Wochen künstliches Koma, damit ich die Schmerzen nicht bemerke, und dann vier Wochen Aufwachphase, insgesamt sechs Wochen. Ich hatte die Augen offen und habe den Leuten nachgeschaut, aber erinnern kann ich mich an nichts mehr. Gott sei Dank, das ist ein Schutz für das Hirn, sonst würde man das wegen der Schmerzen nicht aushalten.

Aber war es für Sie trotzdem wichtig, dass in dieser Phase jemand da war und sich um Sie gekümmert hat?
Ja, es ist wichtig, einfach da zu sein, damit man nicht allein ist.

Das hat Ihnen geholfen, wieder wach zu werden?
Auch. Der Notarzt hat mir gesagt, dass er nicht geglaubt hat, dass ich überleben werde. Es war der Wille, zu überleben, der doch noch da war.

Sie können sich aber nicht erinnern, was genau war.
Nein, überhaupt nicht. Gott sei Dank – ich weiß nicht, ob ich es sonst geschafft hätte, selbstständig zu leben. Wer weiß, wie ich mich gefühlt hätte, wenn es mir be-

wusst gewesen wäre, dass ich alles, was mir überhaupt nicht mehr gelingt, früher automatisch und leicht bewerkstelligt habe.

Sie waren damals 25 Jahre alt. Wissen Sie noch, wie Ihr Lebensplan damals war?

Wir haben das Haus gebaut und da waren auch zwei Kinderzimmer. Ich wollte unbedingt eine Laura, das weiß ich noch. Aber wenn man den Mann nicht mehr kennt und das Haus auch nicht, geht das nicht mehr. Andreas verfügte gleich nach meinem Unfall einen Baustopp. Es war damals ganz unklar, ob ich je wieder laufen könne.

Warum haben Sie Andreas trotzdem geheiratet?

Das hatte berechnende Gründe. Er war ja geschieden und hatte schon zwei Kinder. Wir haben das Haus auf einem Grundstück seiner Mutter gebaut. Ich dachte, wenn ihm etwas passiert, erben alles seine Kinder, und ich habe nichts mehr. Ich hatte viel Geld in unser Haus gesteckt.

Haben Sie sich in den Andreas, den Sie nach dem Unfall erst wieder kennenlernen mussten, verliebt?

Ich glaube nicht. Das war einfach der Mann, der für mich da war.

Es war kein besonderes Gefühl damit verbunden?

Ich weiß es nicht genau. Kann sein, dass ich es zurückgedrängt habe, weil er mich nicht mehr als Frau gesehen hat. Das hat er mir gesagt, drei Jahre nachdem wir geheiratet hatten. Ich wollte mit ihm schlafen, denn nach dem Unfall hat er nie wieder mit mir geschlafen. Da hat er gesagt, er könne das nicht, er sehe mich nicht als Frau. Für ihn sei ich eine Behinderte oder wie ein Kind. Andreas musste mich nämlich nach meinem Unfall füttern, wickeln, anziehen, waschen, weil ich ja durch meine Amnesie nicht mehr wusste, wie das geht und aufgrund meiner Halbseitenlähmung vieles einfach nicht mehr möglich war.

Warum hat er Sie denn geheiratet?

Er hat bei der Scheidung gesagt, dass ich ihn erpresst habe, weil er es erst zwei Wochen davor erfahren hat.

Was?

Dass wir heiraten. Ich habe das alles organisiert. Das war ein Smart-Event, also ein Treffen von Fahrern der Automarke Smart mit ihren Fahrzeugen. Ich hatte einen Smart. Da habe ich angefragt, ob das gehen würde. Dann habe ich alles organisiert und es ihm erst zwei Wochen davor gesagt.

Was war das dann für eine Ehe?

Gar keine. Er hatte schon lange eine Freundin. Er hat während dieser Zeit in Innsbruck studiert und ist Lehrer geworden. Er ist weg von der Polizei.

Hat sich an die Ehe für Sie eine Hoffnung gebunden, dass sich da noch etwas ändern könnte?

Ich glaube schon. Am Anfang war ich ja ziemlich kindisch, wie in der Pubertät. Die ganzen Phasen habe ich durchgemacht. Das Verhalten ist einfach wie bei einem Kind: Ich will jetzt das oder das.

Aber unbewusst.

Ja, die anderen haben mir das dann erzählt. Mir war komplett fremd, wie man sich als Erwachsener verhalten muss. Da macht man alles noch einmal durch.

Wie lange hat es gedauert, diese Phasen wieder zu durchlaufen?

Ich glaube, dass ich jetzt noch nicht bei 37 bin. Jetzt bin ich ungefähr bei Mitte 20.

Woran messen Sie das?

An meinem Verhalten. Meine Mutter sagt: „Das tut man nicht in deinem Alter." Am Feedback der anderen merkt man es.

Vielleicht werde ich
einmal Opernsängerin

Seit mehreren Jahren lebt Barbara Ghesla mit Urban Hersche, einem Schweizer, zusammen. Auch er hat bei einem Autounfall ein schweres Schädel-Hirn-Trauma erlitten. Über seine Rehabilitation hat Urban ein Buch geschrieben. Barbara hat davon im Internet gelesen, sich mit ihm in Verbindung gesetzt, und bald schon wurde mehr daraus.

Sind Kinder noch ein Thema?
Nein. Ich könnte ein Kind nicht tragen oder mit ihm laufen. Ich habe bemerkt, dass das Leben als Behinderte für mich selbst nicht einfach ist und daher möchte ich das nie einem Kind zumuten. Kürzlich war ich bei meinem Neffen in Dresden, der ist 1 Jahr alt. Er hat sich nie bei mir angehalten. Er hat gleich gespürt, dass ich nicht so gut laufen kann.

Wie hat sich der Unfall auf die Gefühle ausgewirkt? Auf das, was man empfindet?
Ich bin ruhiger. Früher bin ich eher explodiert. Jetzt denkt man eher nach, muss das sein? Man wird sanfter.

Was empfinden Sie einem kleinen Kind gegenüber?
Viel Liebe, vor allem. Ich hätte schon gerne eines zum Ausleihen.

Ist da Wehmut damit verbunden?
Ja, das finde ich traurig. Aber es ist besser für das Kind, wenn so etwas nicht passiert. Welches Leben hätte es mit zwei Behinderten?

Bezeichnen Sie sich selbst als behindert?
Schon.

Wie würden Sie Ihre Behinderung beschreiben?
Körperlich und geistig, beides. Eine Gehbehinderung und auch geistig, weil ich so vieles nicht mehr weiß, alles, was in meiner Vergangenheit von fünf bis 25 Jahren passiert ist, ist weg. Auch mein Benehmen und Verhalten ist oft dementsprechend. Ich habe ja mit dem Jus-Studium begonnen, aber da waren mir die Gesetze, die ich früher im Dienst oft gebraucht habe, völlig fremd. Lesen und Schreiben habe ich von Null an wieder gelernt. Jetzt habe ich den Bildungsstand der 4. Klasse Hauptschule.

Nach der Rehabilitation kehrt Barbara für kurze Zeit sogar in den Polizeidienst zurück. Für eine Berentung fühlt sie sich zu jung. Außerdem will sie beweisen, dass sie noch etwas kann. Doch die Kollegen platzieren sie beim Reißwolf zur Aktenentsorgung. Auf Dauer ist das keine Perspektive, und sie quittiert ihren Dienst.

Haben Sie das Gefühl, dass Sie wieder vertraut sind mit der Welt?
Mittlerweile schon, und ich traue mich zu fragen, wenn mir etwas fremd ist. Das habe ich mich lange nicht getraut, weil ich mir blöd vorkam. Dann habe ich den Leuten das mit der retrograden Amnesie erklärt, das haben sie verstanden. Was soll ich machen?

Wie möchten Sie gerne behandelt werden?
Wie ein Erwachsener, der krank ist und nichts dafür kann. Es nützt auch Kranken oder Behinderten nichts, wenn Leute Mitleid haben. Man soll uns so akzeptieren, wie wir jetzt sind.

Wie beginnt man so ein Leben neu?
Das ist komplett anders, bewusster. Da werden Dinge, über die man sich früher aufgeregt hat, ganz nebensächlich, das Wetter, die Mode.

Was wird wichtig?
Beziehungen zu anderen Menschen. Dass man intensiv lebt. Und sich nicht ärgert über schlechtes Wetter oder wenn man jemanden am Telefon nicht erreicht. He! Es kann so schnell vorbei sein.

Was heißt jetzt für Sie intensiv zu leben?

Bewusster leben, Blumen anschauen und sich freuen. Wenn das Wetter schön ist oder man einen netten Anruf bekommt, das ist Leben. Oder auf der Reha mit anderen sprechen. Vorgestern hat mich einer umarmt, der die Reha beendet hat, und gesagt, ich sei sein Vorbild, weil ich das Leben so gut in die Hand genommen habe. Das tut gut. Viele fragen mich: „Warum hast du dich nicht gefragt, warum der Scheiß passiert ist?" Das habe ich auch einen Geistlichen gefragt. Der hat gesagt: „Gott hat gesagt, dein Leben hat einen Sinn. Du musst noch da bleiben. Du hast noch etwas zu tun." Deswegen habe ich noch nicht gehen dürfen.

Das hilft Ihnen?

Ja, richtig. Und das hilft mir auch, den Wachkomapatienten jede Woche zu besuchen. Das ist mein Sinn. Sein Vater kommt nie und sein Bruder nur ganz selten. Für sie ist er tot. Aber er lebt, wenn auch anders wie wir!

Barbara besucht seit einiger Zeit einmal im Monat in der „Valduna", dem psychiatrischen Krankenhaus in Vorarlberg, einen Wachkomapatienten namens Raimund. Barbara sieht das für sich als Therapie, ihr Trauma zu bewältigen und ihre Erfahrungen sinnvoll zu nützen.
In ihrem Haushalt macht Barbara möglichst viel selbst. Tatsächlich ist es sehr ordentlich und blitzsauber. Der Urban, sagt sie, sei ein „I-Tüpfchen-Reiter".

Der Urban ist sehr wichtig, weil er Ihnen immer Rückmeldung gibt.

Ja, und von ihm akzeptiere ich es, von einem Gesunden würde ich es eher nicht akzeptieren.

Empfindet man es von Gesunden als Nörgelei?

Urban behandelt mich nicht wie ein Baby. Ich weiß, wie es ihm geht, und er weiß, wie es mir geht.

Werden Sie ihn heiraten?

Nein, heiraten ist mir jetzt nicht mehr so wichtig – es passt genau so, wie es im Moment ist.

Ich bin gehörlos, na und?

Helene Jarmer, 37, vertritt seit 2009 als Abgeordnete der Grünen im österreichischen Parlament die Anliegen behinderter Menschen. Sie lebt seit ihrem zweiten Lebensjahr ohne Gehör.

Der erste Eindruck ist: groß. Helene Jarmer besticht durch ihre Körpergröße, die gegen ein Meter neunzig geht, und sie nimmt ihr Gegenüber durch einen offenen Blick und ein freundliches Lächeln recht unmittelbar für sich ein. So vergisst man im Moment ganz, dass das „Grüß Gott" und „Ja, ich bin die Interviewerin" von der blonden Abgeordneten gar nicht gehört werden kann. Der Dolmetscher an ihrer Seite springt sofort ein, beginnt, das Gesagte in Gebärden zu übersetzen. Eine ungewohnte Situation. Wen soll man beim Reden anblicken? Helene Jarmer oder ihren Dolmetscher? „Denken Sie einfach, ich bin gar nicht da", meint der Dolmetscher. Er ist einer von mehreren „Übersetzern", die Helene Jarmer in ihrem beruflichen Alltag begleiten. Gerade in der Politik komme es auf jedes Wort an, „das ist sehr sensibel". Wir nehmen im neuen Büro der Abgeordneten unweit des Parlaments Platz. Ganz ist Helene Jarmer mit ihrem neuen Arbeitsplatz noch nicht zufrieden, etwas zu wenig freundlich sei es noch im Büro. Wenn sie spricht, formen die Finger in schneller Folge Worte und berühren Gesicht, Oberkörper, Arme. Mit dem Mund gibt sie dem Gesagten die Form, einzelne Laute meint man zu verstehen. Das Gespräch entwickelt sich seitens des Gastes etwas unbeholfen angesichts der ungewohnten Fremdsprache.

Sie waren die erste Gehörlose, die in Wien studiert hat, Sie waren die erste Frau als Präsidentin des Österreichischen Gehörlosenbundes, jetzt sind Sie die erste gehörlose Abgeordnete im Österreichischen Parlament – offenbar gehören Sie zur Generation jener Frauen, die etwas zum ersten Mal machen.

Ich bin ein Eisbrecher. Es ist nicht immer einfach, die Eisberge zu zerbrechen.

Wie gefällt Ihnen die Rolle der Eisbrecherin?

Ich kann nicht sagen, es gefällt mir. Mein Leben ist halt so, ich habe das akzeptiert.

Wie kommt man in diese Rolle?

Weil man als gehörlose Person immer wieder etwas erkämpfen muss. Zum Beispiel war es für mich schwierig, eine Schule zu finden, an der ich Matura machen konnte. Ich hatte eine Schule gefunden, die integrativ war, aber die Schulärztin meinte, dass Matura und Gehörlosigkeit nicht zusammenpassen. Schwerhörige könnten maturieren, aber gehörlose Personen nicht. Ich wurde dann genommen, aber ich musste ein Jahr lang beweisen, dass ich das schaffe. Schließlich habe ich maturiert. Danach wollte ich Lehrerin werden, aber

in Österreich konnte damals ein Gehörloser nicht Lehrer werden. Mit einer Kollegin habe ich es schließlich als Erste geschafft, an einer Pädagogischen Akademie zu studieren. Als ich danach anfing, an der Gehörlosenschule zu arbeiten, waren alle Lehrerinnen und Lehrer aufgeregt. Sie konnten nicht verstehen, dass eine Gehörlose alleine unterrichten kann, sie dachten immer, da müsste jemand helfen. Und dann lief das. Nach einer gewissen Zeit war es selbstverständlich, dass ich da bin. Als ich an der Universität studierte, habe ich nicht groß Informationsarbeit gemacht. Ich war einfach da. Jetzt gibt es immer mehr gehörlose Menschen, die ein Studium schaffen.

Sie haben das alles aus eigener Kraft geschafft?
Meine Eltern haben mich unterstützt. Sie sind meine Vorbilder. Mein Vater hat bei Fritz Wotruba studiert, er ist Bildhauer. Meine Mutter ist Modedesignerin. Beide sind selbstständig, beide sind gehörlos. Sie haben es beide geschafft. Ich habe immer gedacht, warum sollte ich es nicht schaffen? Mein Vater hat mir immer wieder gesagt: „Komm, du schaffst das! Du musst dein Ziel im Auge behalten und ignorieren, was die Leute sagen."

Ihre Umgebung hat Sie eher eingeschüchtert, hat es Ihnen nicht zugetraut. Woran liegt das?
Am Schubladendenken. Es gibt zu wenig Information über positive Rollenmodelle. In Amerika ist das schon selbstverständlich. Jeder weiß, was die gehörlosen Menschen schaffen können und dass es da keinen Unterschied gibt. Edison, der Erfinder der Glühbirne, war gehörlos. Marlee Matlin bekam 1986 als gehörlose Schauspielerin den Oscar. Das ist doch super! Hier in Österreich ist das noch immer etwas versteckt. Man meint, gehörlose Menschen könnten nur einfache Arbeiten machen wie putzen, aber mehr gehe nicht.

Kann es sein, dass für Hörende das große Problem ist, dass man nicht weiß, wie man sich mit gehörlosen Personen verständigen soll?
Viele können sich nicht vorstellen, dass die Gebärdensprache eine volle Sprache ist. Sie fragen ungläubig: „Habt ihr das alles? Mit verschiedenen Zeitformen und so?" Die Gebärdensprache ist eine Minderheitensprache wie etwa indigene Sprachen in Afrika. Das Interessante ist, dass die Grammatik der Gebärdensprache jener der chinesischen Grammatik sehr ähnlich ist. Sie ist auf Wörtern und nicht auf Buchstaben aufgebaut. In der chinesischen Sprache ist ein Zeichen ein Wort. Kein Mensch käme auf die Idee, dass Chinesisch deswegen keine eigene Sprache ist.

Man kann Gebärden wie Vokabeln lernen?
Ja. Aber man kann das nicht eins zu eins übersetzen. Es gibt ein Wort mit mehreren Gebärden oder eine Gebärde für mehrere Wörter. Vieles ist kontextabhängig. Manchmal sind die Gebärden gleich, aber das Mundbild ist anders. Ob man nun „rund" oder „Ball" sagt, entscheidet sich am Mundbild.

Es ist eine Sprache, die den ganzen Körper erfordert.
Ja. Ich habe einen bestimmten Gebärdenraum. Wenn ich Pantomime mache, habe ich den ganzen Körper zur Verfügung. Pantomime ist eine Kunstform, ich kann alles erfinden und sagen. In der Gebärdensprache gibt es dafür eine eindeutige Gestik und Mimik. In der Gebärdensprache gibt es klare Regeln. Zum Beispiel ist die Handform bei „Lernen" eindeutig, sonst stimmt das Wort nicht mehr. Eine Änderung der Handform ist, als ob ich einen Buchstaben verändere und statt Rose Hose sage. Die Handform ist entscheidend, auch wenn zum Beispiel die Bewegung die gleiche ist.

Die starke Körperaktion und die ausgeprägte Mimik sind möglicherweise für zurückhaltende Menschen eine Hürde, die Gebärdensprache zu lernen, gesteht Helene Jarmer zu. Künstler und Schauspieler seien den Körpereinsatz mehr gewohnt und würden diese „Schamgrenze" leichter überwinden, erfahrungsgemäß auch Kinder.

Wie schließt man als Kind Freundschaften, wenn man nicht dieselbe Sprache spricht?
Ich war schon sehr, sehr mutig. Ich bin einfach dem Nachbarskind nachgelaufen und habe mit ihm gespielt. Als ich älter wurde, habe ich aufgeschrieben: „Ich möchte mit dir spielen." Das war dann kein Problem.

Hatten Sie das Gefühl, zu den Gruppen Gleichaltriger dazuzugehören?
Ja, schon, aber in der Pubertät war es schwierig. Da habe ich mich sehr zurückgezogen. Aber mit den Wohnungsnachbarn war es kein Problem, die kannte ich von Kindheit an. Mit 16, 17 ging es wieder besser.

Es klingt wie eine Ironie des Schicksals: Sie wurden als Kind gehörloser Eltern geboren, konnten selbst hören und hatten das Unglück, selbst auch gehörlos zu werden.
Das stimmt schon. Einige Leute haben mir schon gesagt, das sei wie in einem Film, als ob das keine wahre Geschichte wäre.

Das war ein Unfall im Kinderwagen?
Ja. Damals war ich zwei Jahre alt. Meine Mutter stand mit mir im Kinderwagen an einer Kreuzung auf dem Gehsteig, die Ampel stand auf Rot. Ein Lastwagen fuhr über diese Kreuzung. Der Lastwagenfahrer hatte eine Seitenstraße übersehen, an der die Ampel auf Grün war. Von dort kam ein Auto und die beiden prallten aufeinander. Meine Mutter sah diesen Unfall und wollte schnell zurückweichen, aber es ist sich nicht mehr ausgegangen. Das Auto erwischte den Kinderwagen und ich überschlug mich mehrmals mitsamt dem Kinderwagen. Die Stangen an der Seite des Kinderwagens haben auf das Gehör gedrückt. Es hat wahnsinnig geblutet und dann war die Diagnose ganz klar: Es hat meine Trommelfelle zerdrückt. Ich war gehörlos.

Sonst ist Ihnen nichts passiert?
Nein.

Es ist schon eine unglaubliche Geschichte.
Der Kinderwagen war komplett demoliert, die Verkehrsschilder waren demoliert, aber sonst ist nichts passiert.

Sie waren damals zwei Jahre alt. Haben Sie noch eine Erinnerung an die Zeit des Hörens?
Ja, an das Hören noch ein bisschen, aber zum Glück nicht an den Unfall. Ich fand das früher toll, in der Kirche die Orgel zu hören, ich war sehr gerne in der Kirche. Nach dem Unfall hatte ich in der Kirche das Gefühl, das ist kalt und grau, ich höre nichts. Ich bin dann sogar zum Organisten gelaufen und habe nachgeschaut, ob der überhaupt spielt. Ich habe gesehen, dass er spielt, aber ich habe nichts gehört. Ich hatte das bis dahin gar nicht ganz begriffen, dass ich nichts höre.

Haben Sie noch eine Vorstellung, was Musik ist?
Ich weiß nur, dass es sich angenehm anfühlte, warm, wie eine Untermalung.

Helene Jarmer lernt von Kind an, sich trotz ihrer Gehörlosigkeit nicht als Mensch zweiter Klasse behandeln zu lassen. Sie erkämpft sich einen Platz in einer Höheren Technischen Lehranstalt und drückt mit lauter Burschen fünf Jahre die Schulbank. Die Fachrichtung Maschinenbau und Betriebstechnik interessiert sie zwar nicht, aber sie erreicht ihr Ziel, die Matura. In einer schriftlichen Arbeit reflektiert sie ihre Erfahrungen in der Schulzeit. Daraufhin wird sie sogar zum damaligen Unterrichtsminister geladen. Ihre Vorschläge für Verbesserungen stoßen auf Interesse. Seither gibt es für gehörlose Schülerinnen und Schüler sogenannte Stützlehrer.

Es entspricht generell Ihrem Naturell, dass Sie ein Problem sehen und es lösen wollen, auch für andere?
Ja. Das stimmt.

Sie sind eine Kämpferin?

Ja, das wurde mir schon in die Wiege gelegt. Ich möchte überall Lösungen suchen, aber zu hundert Prozent kann man leider nichts lösen.

Sie sind nicht nur gehörlos, sondern auch eine Frau. Ist das ein doppeltes Handicap?

Ich hatte bis jetzt noch nicht das Gefühl, dass ich als Frau behindert wurde, als gehörlose Person aber schon. In der Schule war ich das einzige Mädchen und die einzige gehörlose Person.

Es gibt ein englisches Sprichwort, das sagt, die Männer verlieben sich mit den Augen, die Frauen mit den Ohren. Hat man auch in dieser Hinsicht als Gehörlose ein Handicap?

(Sie lacht.) Ich dachte, Männer und Frauen sind da gleich. Ich frage immer meine Dolmetscher, wie die Stimmen klingen, ob sie hoch oder tief sind. Gehörlose sind generell stark visuelle Menschen, das Anschauen ist sehr wichtig. Der erste Eindruck entscheidet.

Das Sprichwort meint vermutlich, dass man sich über die Nuancen der Sprache ganz unbewusst ein Bild des Gegenübers macht.

Diese Nuancen hat die Gebärdensprache auch. Eine Gebärdenstimme kann sehr monoton oder sehr melodiös sein. Sie kann spannend werden durch die Mimik – das A und O der Gebärdensprache. Die Mimik zeigt die Tonlagen, die Ironien, die Zwischentöne. Sie kann genauso viel machen wie die Stimme. Wer mit Gebärdensprache aufwächst, verfügt über einen sehr starken visuellen Ausdruck. Es gibt aber auch gehörlose Personen, die sehr monoton sind, bei denen es langweilig ist, ihnen zuzusehen.

In den USA, erzählt Helene Jarmer, sei es selbstverständlich, die Gebärdensprache wie eine Fremdsprache studieren zu können. Am einfachsten sei daher, wenn schon Kinder die Gebärdensprache lernen, sie seien neugierig und aufnahmebereit. Wir versuchen eine praktische Übung. „Danke" besteht aus einer Bewegung der Hand an das Kinn und den Mund, der das Wort formt.

„Bitte" ist ein Streicheln mit dem Handrücken über die Wange. Je nach Mimik und Mundformung kann das Bitte vom sanften Bitten bis zum drohenden Fordern jede Nuance annehmen.

Die Rolle der Politikerin ist für Sie ganz neu. Welche Ziele haben Sie in dieser Funktion?
Die Gesellschaft zu verändern.

Ein großes Ziel.
Das weiß ich, aber langsam, Schritt für Schritt, schafft man das durchaus. Wenn die Gesellschaft uns akzeptiert, kann man etwas machen. Es geht darum, einfach den Menschen anzunehmen, gut zuzuhören und auf seine Wünsche und Bedürfnisse einzugehen. Es ist wichtig, dass Menschen lernen, Interesse für den anderen zu haben. Das ist einer der wichtigsten Punkte, dann läuft es fast von selbst.

Für ihre Besprechungen und Auftritte als Politikerin hat Helene Jarmer stets mehrere Dolmetscher zur Verfügung. Schließlich ist es nicht unwichtig, wer ihr in welcher Situation seine Stimme leiht. Manchmal nütze ein scharfer Ton mehr als ein freundlicher, meint Helene Jarmer.

Vermutlich werden Gehörlose oft behindert, ohne dass Hörende das wissen.
Ja, man macht sich keine Gedanken. Was ist, wenn der Aufzug stecken bleibt? Wie können wir Hilfe rufen? Dann gibt es oft Lautsprecherdurchsagen. Davon haben gehörlose Menschen gar nichts. Es gibt viele Barrieren. Zum Beispiel im Hotel: Wie komme ich zu einem Frühstück im Bett? Soll ich eine E-Mail schicken an die Vermittlungszentrale, dass ich das möchte? Das sind einfache Sachen. Ich möchte auch als Gehörlose das Leben genießen.

Was ist Genuss für Sie?
Zum Beispiel so kleine Sachen wie dass ich im Hotel im Bett frühstücken kann. Ich möchte nicht immer überlegen müssen, ob ich das kann, ob etwas auch für mich zugänglich ist. Zum Beispiel sind in Thailand die Menschen gut aufgeklärt über den Umgang mit Gehörlosen. Die holen automatisch einen Block. Der Kellner kommt mit dem Papier und schreibt auf Englisch: „What do you want for breakfast? Tea or coffee?" Ohne dass er gefragt hat, ob ich gehörlos bin. Das geht ganz automatisch. So kann man den Urlaub genießen.

Da ist es dann wohl manchmal in der Ferne angenehmer als in Österreich?
Ja, Österreich muss sich noch ein bisschen weiter öffnen. In Skandinavien haben die Menschen zum Beispiel wenig Körpersprache und Mimik, aber sie kennen sich aus im Umgang mit Gehörlosen. Wenn ein Gehörloser kommt, wissen sie sofort, wie sie reagieren müssen.

Was machen Sie gerne, wenn Sie sich nicht gerade für Gehörlose einsetzen?
Teetrinken, das ist für mich sehr wichtig. Tee ist für mich Entspannung. Und natürlich ist auch Ruhe für mich wichtig. Täglich reden und kommunizieren ist anstrengend, da muss ich abschalten können. Ich reise gerne, ich lese gerne und tanzen tut mir gut, aber nicht Gesellschaftstanz, sondern Hiphop und so.

Wonach tanzt man, wenn man nicht hört?
Den Takt spürt man, das ist im Kopf drinnen.

Ist Ihnen das Wort „trotzdem" nahe?
Wir als gehörlose Menschen sagen: „Na, und?" Für mich ist das ein klarer Ausdruck, denn das heißt: „Wir schaffen es schon."

Und „Wir schaffen es schon" ist eine Art Lebensmotto für Sie?
Ja. Gehörlose können alles – außer Hören.

Meine Gedanken steuern die neuen Arme

Christian Kandlbauer, 21, Mechaniker, verlor bei einem Unfall beide Arme.

Christian Kandlbauer ist zur Prothesenanprobe bei der Firma Otto Bock in Wien. Ein junger, nicht großer, kräftig gebauter Mann mit Armprothesen, die wie der Schultergürtel eines Baseballspielers wirken. Er kommt schwungvoll in den Raum. Wache blaue Augen, ein modischer kleiner Kinnbart, kräftige weiße Zähne. Ich greife nach seiner rechten Hand. Ich fühle Plastikfinger, die sich fast zangenartig um meine Hand legen. Christians Betreuer, Dr. Hubert Egger, kommt mit zu unserem Gespräch, um bei technischen Fragen auszuhelfen. Christian ist für die Firma auch so etwas wie ein „Musterkunde", an ihm wird eine ganz neue Prothesentechnik erprobt. Über Sensoren sollen Christians künstliche Arme seine Gedanken in Bewegungen übersetzen können.

Welche Perspektive hätten Sie gehabt, wenn Otto Bock nicht auf Sie zugekommen wäre? War schon klar, wie es weitergehen kann?
Eigentlich nicht. Links habe ich nur eine Schmuckprothese gehabt, die aber nicht zu bewegen war, ohne Funktion, nur ein Arm, der herunter hängt. Ich habe mich schon gefreut, dass man da vielleicht doch irgendetwas verbessern kann.

Sind Sie ein unternehmungslustiger junger Mann, den eine solche technische Neuerung auch reizt?
Ja, teilweise.

Mischen sich Freude und Angst?
Ja, am Anfang hatte ich schon Angst. Ich wusste ja nicht, was auf mich zukommt.

Haben Sie sich gefürchtet, wieder einen Elektroschock zu bekommen?
Nach dem Krankenhaus hatte ich schon Angst vor jeder Steckdose. Da hat man ein ungutes Gefühl im Bauch, wenn man einen Strommasten oder irgendetwas Ähnliches sieht.

Diese elektronisch gesteuerte Prothese reagiert auf Muskelsignale, die von Elektroden weitergeleitet werden.
Ja.

Wie fühlt sich das für Sie jetzt an?
Mittlerweile ist es schon normal geworden, ich habe keine Angst mehr davor.

Vor vier Jahren, Christian Kandlbauer war 17 Jahre alt, klettert er in einer Nacht den Masten einer Starkstromleitung hinauf. Warum er das tut, will er nicht erzählen. Er bekommt einen so schweren Stromschlag, dass in der Folge beide Arme amputiert werden müssen. Auf der rechten Körperseite können zumindest das Schultergelenk und ein Stumpf des Oberarms erhalten werden.

Nach einem solchen Unfall hat man wahrscheinlich einen Schock und registriert noch gar nicht, was los ist. Wie lange dauerte dieser Zustand?
Das hat ungefähr zwei Wochen gedauert. Gesagt wurde es mir, als ich aus der Narkose erwacht bin. Aber nach zwei Wochen habe ich mich das erste Mal ohne Verband gesehen. Dann habe ich versucht, das Beste daraus zu machen.

Nach zwei Wochen haben Sie zum ersten Mal wahrgenommen, was mit den Armen passiert ist?
Ich habe es das erste Mal gesehen. Gesagt wurde es mir, als ich aus der Narkose erwacht bin.

Vorher waren Sie verbunden und haben es nicht gesehen.
Ja.

Vorher hat man das Gefühl, man hat die Arme noch?
Ja, man spürt die Phantomhände. Man glaubt gar nicht, dass sie weg sind. Dann sieht man sie zum ersten Mal nicht mehr und hat einen Schock.

Haben Sie schon in dem diesem Moment beschlossen zu kämpfen?
Es gab eine Zwischenphase, wo ich mich gefragt habe, wie es weitergehen soll, was ich jetzt machen soll. Dann habe ich darüber reden können. Das Leben muss weitergehen. Ich bin viel zu jung, und jetzt sitze ich hier.

Was hat Ihnen Mut gemacht in der Phase?
Das kann ich jetzt schwer beantworten.

Ich stelle mir vor, da kommen die Angehörigen, sind sehr betroffen, haben vermutlich selbst nicht sehr viel Mut in der Situation.
Genau.

Woher kommt der Mut in solch einer Situation dann her?
Ich weiß nicht, der war auf einmal da. Ich bin eher ein positiver Mensch und lasse mich nicht so leicht unterkriegen.

Sie sind einer, der gern an Grenzen geht, oder?
Was meinen Sie mit Grenzen?

Wenn ich Berichte über den Unfall richtig gelesen habe, war der Unfall wohl auch ein Austesten der Grenzen des Möglichen.
Ja, das kann sein. Ich kann mich zwar nicht direkt daran erinnern, aber ich glaube schon.

Sie haben schon mit 17 etwas überschießende Kräfte gehabt.
Ja, sicher. Ich war immer sehr energiegeladen.

Sie sind eher vorwärtsgerichtet?
Ja, genau. Ich bin eigentlich fast jeden Tag gut gelaunt.

Für die linke Seite wird nun die neue Prothese entwickelt und erprobt. Christian wurde operiert, sodass die Nervenenden von der Amputationsebene in den Brustmuskel transferiert wurden. Die Hand ist nun am Brustmuskel gebildet. Die dort entstehende Muskelaktivität erzeugt ganz geringe Impulse, die von den Elektroden der Prothese aufgenommen und in Bewegung umgesetzt werden. Christian ist mehrmals pro Monat in Wien, um dem etwa 10-köpfigen Team seinen Input zur Entwicklung zu geben. Außerhalb der USA ist Christian der erste, an dem ein selektiver Nerventransfer durchgeführt wurde. Eine Physiotherapeutin trainiert mit ihm die Muskeln. Seit der Operation trägt Christian auf beiden Seiten Prothesen. Die rechte Prothe-

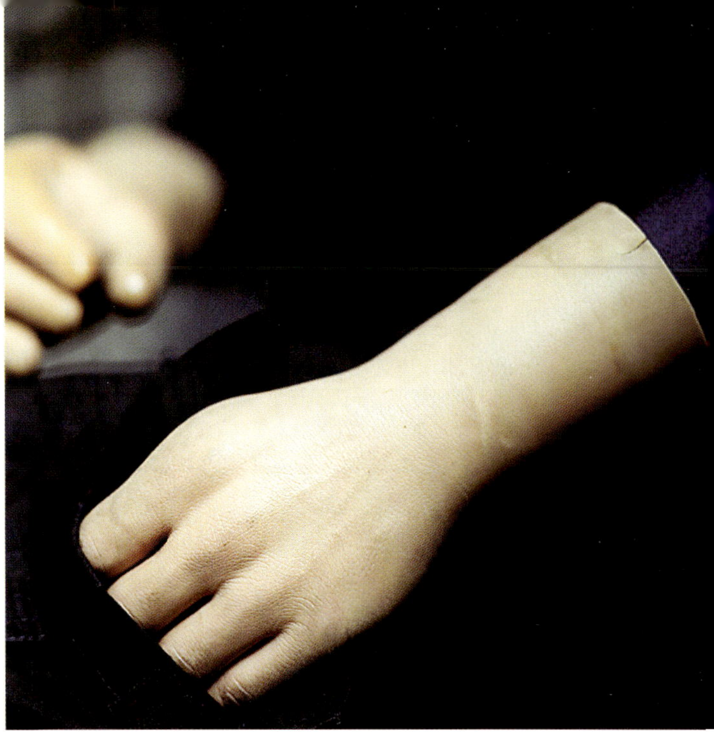

se macht jedes Mal ein leicht klickendes Geräusch, wenn Christian eine Position stabilisiert.

Was hat Sie überzeugt, auf dieses Projekt einzusteigen?
Es hat mich interessiert, wie so etwas funktionieren soll. Man glaubt es ja nicht, wenn man es nicht selbst sieht.

Und es ist es auch eine Zukunftshoffnung für Sie selbst?
Genau, dass man wieder selbstständiger ist und alleine eine Wohnung hat und den Autoführerschein.

Das ist das ein großes Ziel?
Eigentlich schon.

Und Sie haben auch schon eine Idee, welches Auto Sie möchten?
Ja, einen kleinen Allrad-Wagen, das wäre genau der richtige für mich.

Brauchen Sie jetzt zum Wegnehmen der Prothesen Hilfe oder geht das selbstständig?
Das geht selbstständig.

Wie fängt man an?
Ich fange links an und lege die Prothese auf das Bett. Wie soll ich das erklären? Dann schupfe ich das irgendwie über die Schulter und ziehe dann die rechte Prothese über den Stumpf.

Das haben Sie sich durch Geschicklichkeit selbst antrainiert?
Ja.

Wie schnell haben Sie das alleine gelernt?
Seit einem Jahr kann ich das ungefähr.

In Ihrer Situation kann man sagen, ich brauche eine Assistenz, die mir hilft, oder, ich will das alles selbst machen.
Genauso ist es.

War das eine klare Entscheidung?
Eigentlich schon. Ich will wieder ein, unter Anführungszeichen, normales Leben führen, mit Selbstständigkeit, Unabhängigkeit. Ich will alles machen, sonst brauche ich immer Hilfe und es muss immer jemand

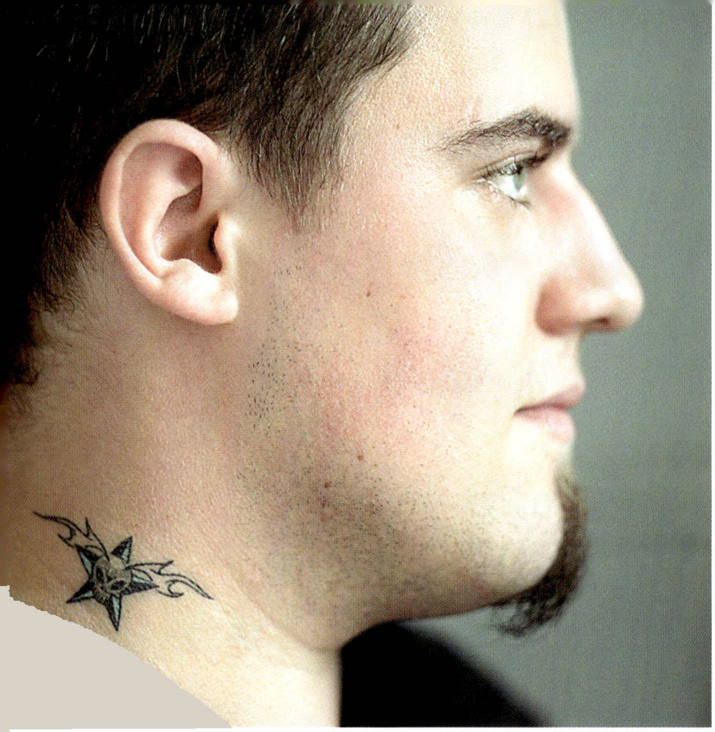

da sein. Ich habe mir gedacht, jetzt probierst du es einmal. Du kannst dich nicht immer von den anderen bedienen lassen. Und durch Probieren schafft man alles. Man braucht halt manchmal ein bisschen Zeit.

Sie leben in der Familie?
Mit meiner Mutter und ihrem Lebensgefährten, mein älterer Bruder ist schon ausgezogen.

Sie gesagt haben, Sie wollen möglichst viel selbst machen?
Ich habe mir gedacht, jetzt probierst du es einmal. Du kannst dich nicht immer von den anderen bedienen lassen. Und durch Probieren schafft man alles. Man braucht halt manchmal ein bisschen Zeit, aber es geht.

Was machen Sie zum Beispiel alleine?
Das WC. Das habe ich mir selbst beigebracht. Ich habe gedacht, das gibt es nicht, das muss doch funktionieren. Man braucht die richtige Hose mit Gummizug, ohne Knopf, und das geht auch sehr gut.

Das ist eine große Errungenschaft, wenn man da niemanden mehr braucht.
Genau, auch wenn man abends unterwegs ist, kann man ohne Freunde aufs WC gehen. Das ist sicher für alle das Beste.

Was haben Sie als nächstes Ziel?
Der Führerschein ist das erste. Da bin ich schon bei den Probestunden. Das schaut momentan nicht so schlecht aus. Und das zweite ist, dass ich keine Hilfe mehr brauche, dass ich zum Beispiel wieder selbst kochen kann.

Geht das noch nicht so gut?
Einiges geht schon, aber es könnte mehr sein.

Christian Kandlbauers Prothese hat eine lange Entwicklungszeit. Die Technik rechnet mit bis zu sieben Jahren. Viele Details in der Nutzung müssen überlegt werden, etwa wie der Aufladevorgang vor sich gehen kann, ob Christian mit den Prothesen wird duschen können. Wie früher, sagt der Projektleiter, Dr. Hubert Egger, werde es nie mehr sein, aber er könne mit einer großen Lebensqualität rechnen. Christian Kandlbauer ist auch schon wieder auf seinem Arbeitsplatz, einer Mechanikerwerkstätte in seiner unmittelbaren Umgebung, einsetzbar. Selbst Telefonieren funktioniert schon sehr gut.

Was bewirkt es bei Ihnen, wenn Sie bemitleidet werden, wenn man sagt, wie schrecklich und wie furchtbar?
Mitleid will ich keines haben. Ich bin ein gesunder Mensch und kann auf Mitleid verzichten.

Welche Reaktion ist Ihnen am liebsten?
Die beste war, dass mich ein Teammitglied des Fernsehens bei Dreharbeiten angesprochen hat, dass ich das sehr gut mache und dass das gut ausschaut. Und er wünscht mir viel Glück für den weiteren Lebensweg.

Sie ziehen nicht absichtlich langärmelige Sachen an, damit man die Prothesen nicht wahrnimmt?
Früher war das anders. Früher habe ich mich manchmal geschämt für meine Prothesen. Jetzt ist mir das egal. Ich bin so, wie ich bin, und wenn jemand ein Problem damit hat, dann braucht er mich ja nicht anzuschauen oder anzusprechen.

Ich schätze Sie so ein, dass Sie sich die Sachen gerne mit sich selbst ausmachen.
Genauso ist es. Meistens gelingt es mir durch Probieren, dass das Problem behoben wird.

Ist es für Sie schwierig, jemanden um Hilfe zu bitten?
Meistens gelingt es mir durch Probieren, eine Schwierigkeit zu beseitigen. Aber nicht immer. Teilweise schon. Es ist natürlich nicht so leicht, einen Fremden zu fragen, kannst du mir die Geldtasche raus nehmen. Das kostet schon etwas Überwindung.

Seit Oktober 2008 arbeitet Christian, der bei seinem Unfall im dritten Lehrjahr als Mechaniker war, wieder in der alten Firma. Der Chef hat ihn gern genommen, Arbeiten im Lager gehen ihm schon ganz gut von der Hand. In der Firma und in seinem Ort bewegt sich Christian mittlerweile ganz selbstverständlich.

Wie war es, das erste Mal mit den Prothesen unterwegs zu sein?
Als ich das erste Mal unterwegs war, war die Reaktion der Leute schon anders als jetzt. Sie haben mehr gestarrt.

Sie kommen aus einem Ort, wo man einander kennt.
Ja, und jetzt schaut keiner mehr.

Wie ist es mit dem Tanzen?
Ich war nie ein großer Tänzer. Das wird sich nicht ändern. Ich bin eher der Typ, der an der Bar steht und wartet, dass die Mädels vorbeikommen.

Wie geht es Ihnen mit den Mädchen? Sie sind ein charmanter Bursche ...
... hoffe ich zumindest. Ich habe kein Problem damit und die Frauen, glaube ich, auch nicht, zumindest solche, die mich kennen. Es gibt schon Frauen, die zuerst schauen und dann fragen, wie ist das passiert, warum. Dann lernt man sich kennen und mehr muss ich ja nicht sagen.

Ob Christian mit seinen neuen Prothesen jemals auch eine Art von Gefühl entwickeln wird, ist noch unklar. Wichtig sei, sagt Herr Egger, dass bei der Prothesenentwicklung auch das Gehirn ständig mittrainiert wird. Die Fähigkeit, sich die Phantomhand vorzustellen, darf nicht verkümmern.

Was würden Sie denn anderen Menschen in Ihrer Situation raten?
Dass sie ihr Leben weiterleben sollen, wie es ist. Sie sollen es akzeptieren, wie es ist, und das, was andere Leute sagen, auch wenn es etwas Negatives ist, sollen sie nicht hören. Sie sollen auf ihr eigenes Herz hören, das hat meistens recht. Und das Leben geht weiter.

Ich fühle mich trotzdem wohl in meiner Haut

Elisabeth Marx, 62, Autorin und Malerin, lebt seit fast 20 Jahren mit Parkinson und ist nach einem Brustkrebs wieder gesundet.

In ihrem Haus in Götzis, Vorarlberg, hat Elisabeth Marx den Wintergarten ganz für sich. Hier schreibt und malt sie, hier bewirtet sie Besucher und genießt den Blick in den Garten. Wir haben als Termin 15 Uhr vereinbart. Elisabeth Marx hat den Tisch gedeckt, eine Roulade gebacken. Gerade um diese Tageszeit wird sie aber vom „Schüttler", wie sie ihre Krankheit fast ironisch nennt, geplagt. Sie nimmt ihre Medikamente, 16 bis 18 verschiedene. Sobald sie sich setzt, schlagen ihre Füße unwillkürlich in einem ganz eigenen Takt auf den Boden. Sobald die Medikamente ihre Wirkung entfalten, beruhigt sich die Motorik allmählich.

Die Überbewegung der Parkinson-Erkrankung ist bei Ihnen vor allem in den Beinen?

Wenn ich sitze, dann ist sie in den Beinen. Wenn ich diese festzuhalten versuche, was reflexartig geschieht, erfasst sie den ganzen Körper. Oft geht sie mit innerer Unruhe einher. Mein Arzt hat mir schon einmal geraten, mich operieren zu lassen. Dagegen wehre ich mich noch. Es ist ja doch eine Hirnoperation. Ich sage mir, lieber keine Füße, als den Geist oder die Sprache verlieren. Ich kann in der Früh nicht gehen, weil die Füße krampfen. Aber damit komme ich gut zurecht.

Was machen Sie dann zur Mobilisierung?

Früher habe ich gleich nach dem Aufstehen Yoga gemacht, jetzt bin ich zu steif am Morgen. Ich übe aber einmal wöchentlich eineinhalb Stunden mit einer Yogagruppe.

Wie wird man beweglich?

Durch Medikamente. Es wird das fehlende Dopamin zugeführt. Ich bewege mich viel und gerne. Schon in der Schule hatte ich kein Sitzleder.

Aber so arg hätten Sie die Bewegung auch wieder nicht gebraucht!

Nein, aber ich glaube, es hat damit zu tun, dass ich als Kind sehr eingebremst wurde. Ich war ein lebhaftes Kind, und auch ängstlich.

Das wievielte Kind Ihrer Familie sind Sie?

Die Vierte von neun. Vielleicht hätte ich mich mehr wehren sollen. Man hat mich mit sechs eingeschult, da hatte Mama gerade eine Zwillingsgeburt, bei der ein Kind starb. Ich war nicht reif für die Schule, ich wurde ausgelacht, weil ich nicht richtig reden konnte. Das Lernen war mühsam. Man hat mir immer gesagt, mich

kann man nicht einmal in die Hauptschule schicken. Ich dachte schon selbst, ich sei die Dümmste. Dann erhielt ich die Chance, die fünfte Klasse Volksschule zu machen. Da entwickelte ich einen übermäßigen Ehrgeiz und durfte in die Hauptschule. Unsere drei Söhne haben mich dann später gelehrt, den Ehrgeiz wieder auf ein gesundes Maß zu reduzieren.

Sie haben sich auf Ihre eigenen Beine gestellt?

In der Schule bin ich dadurch aufgefallen, dass ich den Kaspar gemacht habe. Ich fühlte mich aber auch verantwortlich. Einmal konnte Mama nicht zum Sprechtag, da ging ich zum Lehrer meines kleineren Bruders. Das brachte mir kein Lob ein, aber heute denke ich, dass ich eigentlich mutig war.

Warum meinen Sie, dass Sie als Kind eingebremst wurden?

Ich war in meiner Quirligkeit sehr anstrengend für die Erwachsenen. Die religiöse Erziehung daheim und in der Schule, die Angst vor schwerer Sünde hat mich zusätzlich eingebremst.

Schon als Kind?

Ja, als Schulkind hat es schon angefangen. In der Pubertät hat sich das noch verstärkt, alles war schwere Sünde. Die Mama war schon fortschrittlicher als die Großmama. Die war zwar intelligent, aber überreligiös. Sie hat das sechste Gebot, das Unkeuschheit verbietet, zum ersten gemacht und die Einhaltung auch ihren Lieben abgefordert. Ich kann mich erinnern, früher wurde das WC-Papier aus Zeitungen geschnitten. Wenn Großmama zu Besuch kam, mussten wir Kinder zuvor alle Kirchenblätter wieder aussortieren. Ich glaube, auch unsere Mama war von Angst geleitet. Ich werfe meinen Eltern nichts vor, sie haben ihr Möglichstes getan.

Haben Sie das Gefühl, dass Ihnen als Kind Lebensfreude genommen worden ist?

Ja, zum Teil. Mein Humor kommt jetzt wieder zum Vorschein. Er trägt mich über manche Klippe. Noch bevor ich richtig reden konnte, habe ich eigene Texte zu Kinderliedern ausgedacht, es aber niemandem erzählt, aus Angst, ausgelacht zu werden. In der Schule sind die Lehrer erschrocken, wenn von uns Geschwistern eines in der Klasse auftauchte. Wir waren alle „Gischpel", wie man bei uns sagt, also sehr unruhige Kinder. In der Pubertät geriet ich als Jüngste der drei Mädchen wieder ins Hintertreffen. Eine meiner Schwestern war schwarzhaarig und rassig. Oft saß ich bei Jugendveranstaltungen den ganzen Abend unbeachtet, während sie pausenlos mit ihren Verehrern tanzte. Ganze Nächte habe ich deswegen geheult.

Das ist dann verbunden mit vielen Selbstzweifel?

Ja, ich habe erst durch das Kranksein mehr Selbstbewusstsein gewonnen. Wobei es immer noch Leute gibt, die es mir wieder abgewöhnen wollen.

Gehen die äußere und die innere Bewegung parallel?

Wenn die innere Unruhe anfängt, habe ich das Bedürfnis zu reden, das reduziert die Spannung, wird aber häufig missverstanden. Ich sehe noch ganz gesund aus, die Symptome sind dennoch zeitweise extrem. Der ständige Wechsel von beinahe gesund zu zermürbendem Schütteln und Schweißausbrüchen lässt sich nicht vermitteln. Es macht auch unglaubwürdig.

Bekommt man viele Ratschläge?

Ja, und manche Leute sind gekränkt, wenn man ihrem Rat nicht Folge leistet. Das ist dann allerdings ihr Problem. Da muss man lernen, sich abzugrenzen, sonst wird es wieder Stress.

Werden, wenn sich die Psyche beruhigt, auch die Gliedmaßen ruhiger?

Ja, dann kann ich wieder durchatmen. In der Situation selbst bin ich atemlos, obwohl ich sonst mehr als genug Luft habe.

Wann haben Sie die Schüttelattacken?
Wenn ich viel sitze, ist es schlimmer. Gezielte Bewegung, z. B. Gartenarbeit, macht es erträglicher. In Schüttelzeiten fühle ich mich nicht mit dem Boden verbunden. Es gibt auch Zeiten, die zum Nichtstun zwingen, das sind die schwersten. Schreiben ist beinahe unmöglich geworden, aber ich zeichne oft. Das werden dann die Zitterzeichnungen. Da kann ich alles vergessen, Gott und die Welt. Dann vergesse ich sogar aufs Kochen, und manchmal auch auf die Tabletten. Erst wenn ich stark zittere, denke ich: „Was ist jetzt?" Dann merke ich, dass ich schon eine halbe Stunde oder länger über die Medikamentenzeit hinaus bin.

Langsam beruhigen sich die Gliedmaßen wieder. Elisabeth Marx erzählt von ihren Großtanten, die auch an Parkinson erkrankt waren. Bei ihr wurde die Krankheit mit 46 Jahren diagnostiziert.

Wenn man eine solche Diagnose bekommt, weiß man, das ist eine chronische Krankheit mit progressivem Verlauf.
Als ich die Diagnose bekam, dachte ich mir, es ist nicht tödlich, und wenn ich Glück habe, finden sie vielleicht noch etwas dagegen. Jetzt muss ich mein Fahrwerk in Ordnung halten, meine Muskeln stärken. Wenn ich in den Schüttelphasen so gebeugt daherkomme, stört mich das manchmal. Ein Dauerschütteln kann ich mir nicht vorstellen, dann müsste ich mich operieren lassen.

Was wird denn bei solch einem Eingriff gemacht?
Es werden Elektroden ins Gehirn eingeführt und man bekommt einen Schrittmacher, die Bewegung wird sozusagen elektronisch gesteuert, das Zittern eingebremst und das Gehen verbessert. Es ist aber keine Heilung, man braucht nur weniger Tabletten.

Haben Sie jemals gegen die Krankheit gekämpft?
Ich merke, es hilft nichts, denn dann wird der Parkinson noch stärker. Ich sehe ihn wie einen Begleiter. Er kann neben mir gehen und hinter mir, aber ich halte die Zügel noch in der Hand. Noch. Aber es wird we-

niger, ich spüre es. Das Schwierige ist, dass man aus dem normalen Rahmen fällt. Wenn ich irgendwo bin und anfange zu schütteln, weiß ich, jeder schaut. Dann habe ich das Gefühl, erklären zu müssen, dass ich nicht betrunken bin oder Drogen nehme. Es ist unangenehm.

Elisabeth Marx geht als junge Frau in die Entwicklungshilfe in Afrika. Als Krankenschwester arbeitet sie drei Jahre in Tansania. Zurück in Österreich will sie Hebamme werden, lernt ihren Mann kennen und entscheidet sich für die Familie. Drei Söhne werden innerhalb von vier Jahren geboren. Die Familie baut mit wenig Geld ein Haus, Elisabeth arbeitet viel dazu, damit die Familie halbwegs über die Runden kommt. Mit 46 kommt Parkinson, mit 50 die Diagnose Brustkrebs.

Sie hatten, als Sie nach Afrika gegangen sind, den Eindruck, es müsse sich etwas ändern in Ihrem Leben?

Ja, immer wieder. So hat sich auch immer wieder etwas geändert. Als ich die Krebserkrankung überwunden hatte, besuchte ich den Hospizlehrgang. Ich erlebte, dass ich trotz eigener Betroffenheit andere mit meinem Humor aus dem Loch holen konnte. Das war auch eine Möglichkeit, Hebammendienst zu leisten. Es macht mir Freude, wenn ich andere ermutigen kann. Gleichzeitig wird mir dabei bewusst, dass ich nicht allein bin, es gibt viele, die Leid tragen. Kranksein ist nicht das Schlimmste. Jeder hat noch gesunde Seiten, die es zu leben gilt. Meine Chance, nach der Krebserkrankung wieder gesund zu werden, war gering, die Chemotherapie wurde frühzeitig abgebrochen. Aber ich wollte davonkommen.

Das wünschen sich viele und kommen nicht davon.

Das ist eigenartig, ich weiß, aber ich habe Betroffene erlebt, die scheinbar kämpfen und innerlich davon überzeugt sind, dass ihr Schicksal besiegelt ist. Was nicht heißt, dass ich es nur aus mir selbst geschafft habe, das käme einer Schuldzuweisung gleich. Ich denke nicht, dass mir das auferlegt ist.

Sondern?

Es ist so: Wir machen die Umwelt kaputt, Krankheit ist die Folge. Aber es ist keine mathematische Gleichung. Wer zerstört, wird nicht in demselben Ausmaß krank. Man kann sich das nicht aussuchen. So verhält es sich auch mit meinem Parkinson. Ich frage mich nicht, wo ist Gott, und warum hält er es nicht auf. Es liegt bei uns, die Zerstörung aufzuhalten.

Sie sind sich nicht sicher, dass es Gott gibt?

Ja, ich zweifle manchmal daran, gerade im Hinblick auf die Amtskirche, die oft mehr den Buchstaben als den Menschen im Auge hat. Ich bemühe mich aber, meinen durch die Krankheit erlittenen, erfahrenen Glauben zu stärken, ihn auch weiterzugeben. Die Kraft, die Krankheit auszuhalten, ist mir von irgendwoher zugekommen. Nur aus mir selbst hätte ich es nicht geschafft. Aber wie der Gott aussieht? Ich stelle mir Gott so vor, dass er zum Schluss in seiner Liebe und Güte alles auf einen Nenner bringt.

Wie geht es Ihnen mit dem leidenden Christus?

Die Kreuzigung ist für mich auch eine Weltumarmung. Er ist nicht nur der Leidende, sondern er streckt sich aus, nach oben, nach unten und zur Seite. Für mich ist Kreuz nicht nur Leid, sondern Kraft. Wenn ich in das Kreuz hineingehe, wird es wieder hell.

Was heißt das, in das Kreuz hineingehen?

Wenn ich mich auf Angst einlasse, wenn ich der Angst entgegengehe. Wenn man ihr ausweicht, wird es erst böse. Für mich ist Kreuz auch Auferstehung. Es ist beides drinnen. Jedenfalls habe ich mich sehr gelöst vom drohenden Gott. Ich habe so viel Angst vor diesem strafenden Gott ausgestanden, dass ich ihn nicht mehr brauche.

Von außen betrachtet, würde man sagen, Sie haben sehr viel Leid erlebt.

Eigentlich schon. Mir kommt vor, ohne Leid hätte ich auch das Glück nicht erlebt. Ich kann Glück gut empfinden. Ich erfreue mich an etwas, was andere nicht sehen. Nach einem Schüttelanfall atme ich tief durch, und fühle ganz deutlich, jetzt lebe ich wieder.

Haben Sie auch die Verzweiflung des Leids erlebt?

Ja, das war, als ich die Krebsdiagnose bekam. Da habe ich überlegt, selbst Schluss zu machen. Irgendwie war dann der Lebenswille stärker. Das bewusste Ja hat mir geholfen, selbst an meiner Gesundung mitzuwirken. Jetzt fühle ich mich seelisch gesünder als vor meiner Erkrankung. Vorher war mir oft eng, ich trug die depressiven Phasen meines Mannes und meiner Mutter mit. Ich litt mit, als mein zweitjüngster Bruder mit 29 Jahren an einem Hirntumor erkrankte und mit 36 starb. Richtig schwer wurde es aber, als sich die Bedrücktheit auch bei unseren Kindern breitmachte. Ihre Aussage: „Bei uns wird gar nicht mehr gelacht", war für mich ein Alarmsignal, mir helfen zu lassen. Heute kann ich mit Depressionen besser umgehen. Ich habe gelernt, fremde und persönliche Probleme abzugrenzen.

Elisabeth Marx verwendet in ihrer Lyrik oft Naturbilder, um sich auszudrücken. Helmut Braun und Heiner Linder, die Lektoren ihrer Bücher, haben ihr ganz besonders Mut gemacht. Die Aussage: „Sie sind keine Parkinsonkranke, die schreibt, sondern eine Dichterin, die von Parkinson betroffen ist", hat sie besonders gestärkt.
Von ihrer Leidenschaft für das Malen und Zeichnen zeugen die zahlreichen Bilder, die im ganzen Haus zu sehen sind.

Verändert eine Krankheit die Persönlichkeit?

Ich kann nicht sagen, wie ich ohne Krankheit wäre. Aber ich spüre einfach, dass ich anders bin als andere. Das war ich schon vorher.

Sie haben einen Hang zum Einzelgängerischen?

Eigentlich schon, und gleichzeitig ein Bedürfnis nach Gemeinschaft. Das reibt sich.

Gibt es eine Gemeinschaft, in der Sie sich unangestrengt wohl fühlen?

Im Moment nicht. Ich weiß inzwischen, dass den Menschen, auch wenn sie sagen, dass es ihnen nichts macht, meine Krankheit Mühe bereitet. Man bekommt durch Parkinson eine dünne Haut. Angst und Enge sind ein gewichtiges Symptom bei Parkinson, sie sind mit ein Grund, dass viele sich zurückziehen. Ich unternehme aber früh genug etwas, bevor ich in ein seelisches Loch falle.

Sie nennen Ihre Parkinsonerkrankung jetzt Hiob.

So habe ich ihn getauft. Der Hiob der Bibel ist auch einer, der gute Ratschläge bekommt und darauf hingewiesen wird, dass er vielleicht selbst an seinem Unglück schuld ist. Aussagen wie: „Jede Krankheit ist heilbar, wenn die seelische Ursache erkannt wird" oder „Du musst positiv denken!", zeigen mir, wie schwer es ist, die Tragweite der Krankheit zu vermitteln.

Hiob ist einer, dem alles genommen wird, der geprüft wird bis zum Letzten. Empfinden Sie sich als Geprüfte?

Ich sehe mich nicht mehr in der Opferrolle. Lange genug habe ich die beengende religiöse Erziehung und die schuldzuweisende Verkündigung der Kirche erlebt. Heute bin ich froh, dass ich bin, wie ich bin. Ich fühle mich trotz Parkinson wohl in meiner Haut.

Würde Ihnen etwas fehlen, wenn Sie die Krankheit nicht mehr hätten?

Ich kann mir ein Leben ohne Beschwerden nicht mehr vorstellen. Ich will nicht krank sein, aber auch die Erfahrungen nicht missen, die ich gemacht habe.

Buchtipp: *Elisabeth Marx: „Umarme den Sommer", Bucherverlag 2007*

Man muss immer für ihn denken

Karoline Muhr, 62, ist Bäuerin und betreut ihren an Alzheimer erkrankten Mann.

Vielleicht entschädigt Karoline Muhr ja der traumhafte Blick über den Traunsee, den sie von ihrem Bauernhof aus hat, gelegentlich für die Herausforderungen des Alltags. Ihr Mann Martin, noch nicht einmal 60 Jahre alt und seit 35 Jahren an ihrer Seite, ist an Alzheimer erkrankt. Diese Krankheit führt zu einem fortschreitenden Abbau der geistigen Fähigkeiten, einem Verlust des Gedächtnisses und schließlich auch zu körperlichen Beeinträchtigungen. Nach einem Leben mit viel Arbeit und dem Aufziehen von drei mittlerweile erwachsenen Töchtern muss Karoline Muhr mit einer unerwarteten Wendung in ihrem Leben zurande kommen.

Seit wann haben Sie für Ihren Mann die Diagnose Alzheimer?

Als mein Mann im Außendienst tätig war, haben sie ihn entlassen. Er verkaufte Baustoffe, Tore und Fenster. Er war immer ein Topverkäufer, hat Wettbewerbe gewonnen, und plötzlich ist das immer weniger geworden. Zum Schluss hat er zu wenig gebracht. Er hat auch viel vergessen und Termine nicht mehr eingehalten. Dann hat sein Arbeitgeber nach 15 Jahren gesagt, er muss aus Rationalisierungsgründen gehen. Da war er 53.

Hat ihn das hart getroffen?

Nein. Er hat sich schon überfordert gefühlt. Daheim hat die Tochter ausgebaut, da hat er alles organisiert, und die Arbeit dazu, da konnte man schon erkennen, dass er überfordert war. Er hat auch viel vergessen. Er hat am Morgen das Geldbörsel oder das Telefon oder irgendein Bücherl daheim vergessen. Immer ist er noch einmal zurückgekommen. Ich habe gesagt: „Wenn du nichts tun musst als deine Sachen mitnehmen, dann solltest du das doch einmal tun." Das war doch in seinem Alter nicht normal. Wir haben es darauf zurückgeführt, dass er überfordert ist. Dann war er daheim, und wir haben gesagt, er soll daheim noch einzahlen für die Pension. Er hat alles gekonnt, die Decken, die Fußböden, die Fliesen, alles hat er selbst gemacht, alle Installationen. Das ist dann immer langsamer geworden. Dann war es ihm schwer, die Maschinen beim Traktor anzuhängen. Gemeinsam ist es noch gegangen. Ich habe viel mit ihm gearbeitet. Aber dann ist es nicht mehr gegangen. Er ist mit dem Jauchefass auf dem Feld gestanden und hat nicht mehr gewusst, wie er es einschalten soll. Jedes Mal, wenn er zurückgekommen ist, hat er nicht mehr gewusst, wie er tun muss, damit die Jauche angepumpt wird. Jetzt kann er nichts mehr.

Wann ist der Zeitpunkt, wo man zum Arzt geht?
Er war immer gesund und ist nie zum Arzt gegangen. Dann ist er sehr antriebslos geworden. Wenn man ihn etwas gefragt hat, hat er immer gesagt: „Ja, wie du meinst." Ich habe dann den Hausarzt gebeten, ihn zu einer Gesundenuntersuchung zu bestellen.

Hatten Sie da schon einen Verdacht?
Nein, überhaupt nicht. Er war halt vergesslich. Dann habe ich dem Hausarzt gesagt, er soll einmal einen Test mit ihm machen. Da musste er die Uhrzeit aufschreiben. Das konnte er schon nicht mehr. Der Arzt hat gesagt, er habe Depressionen, und hat ihm Medikamente dagegen gegeben. Er war ganz ohne Antrieb. Obwohl er vorher so lebenslustig war.

War er ein vitaler Typ?
Ja, er ist viel fort gegangen, ganze Nächte. Er war ein lustiger, unterhaltsamer Mensch. Er war im Gemeinderat, in den Ausschüssen, Obmann eines Hilfsvereines. Er war immer unter den Leuten. Auf einmal ist er in kein Wirtshaus mehr gegangen. Ich habe ihn animiert, am Sonntag doch fortzufahren. „Nein, es freut mich nicht", hat er gesagt. Manchmal weiß er auch etwas und redet ganz normal. Aber jetzt muss man ihm alles sagen, was er tun soll.

Kann er nicht umsetzen, was man ihm sagt?
Oft muss ich es drei oder vier Mal sagen, da werde ich schon etwas lauter. „Du schreist so", sagt er dann. Aber er ist nicht aggressiv.

Ich kann mir vorstellen, dass man an Ihrer Stelle aggressiv wird.
Ja, sicher. Das ist aufreibend. Wenn er am Abend da sitzt, redet er nicht viel. Er kann sich weder den Fernseher einschalten noch ausschalten. Er findet die Lichtschalter nicht mehr. Räume, die wir seit dreißig Jahren benützen, wie das Bad, findet er nicht mehr. Dann habe ich ihm das Bad gezeigt. „Nein", hat er gesagt, „da war ich noch nie." Das Bad haben wir im ersten Jahr gemacht, als wir verheiratet waren.

Wie reagieren Sie in einer solchen Situation?
Das kommt darauf an, wie es mir geht. Es ist oft recht anstrengend. Manchmal habe ich die Kraft, dass ich mich umdrehe und gehe. Das kann man aber nicht immer tun.

Sie müssen immer ein Auge auf ihn haben?
Ja, immer. Zuerst klebe ich ihm am Morgen ein Pflaster auf. Das soll die Krankheit etwas stoppen. Das ist ein 24-Stunden-Pflaster. Dann gehen wir hinaus. Dort haben wir unsere Aufgaben. Das ist gut für ihn und für mich auch. Das ist mir leichter, als immer neben ihm zu sitzen. Wenn ich hereingehe zum Kochen, nehme ich ihn mit. Er bleibt ohnehin nicht alleine draußen, sondern läuft mir gleich nach.

Kennt er noch alle in der Familie?
Ja, er kennt alle. Obwohl er sich beim Telefonieren schon schwer tut. Wenn eine der Töchter anruft, weiß er nicht, welche es ist. Oder wenn ich ihm sage, heute kommt eine der Töchter, die Geburtstag hat, und er soll ihr gratulieren, gratuliert er der, die er als erste sieht. Wenn er ins Bad geht, schaue ich, dass das Wasser passt, und im Zimmer lege ich ihm die Kleidung hin, wie er sie der Reihe nach anziehen soll. Wenn er aber allein im Zimmer ist, fängt er an herumzusuchen, und dann weiß er wieder nicht, was er wie anziehen soll.

Weiß er, welche Krankheit er hat?
Nein. Er hat nie gefragt. Er hat nur ein Mal gesagt: „Wenn das mit mir noch schlechter wird und ihr es nicht mehr aushaltet, dann müsst ihr mich halt in ein Heim geben." Das war ein einziges Mal.

Karoline Muhr besucht seit etlichen Jahren eine Selbsthilfegruppe für Angehörige von Alzheimer-Kranken der M.A.S Bad Ischl. Diese Angehörigengruppen ermöglichen einen Austausch und auch ein Ausspannen vom Alltag als Betreu-

ungsperson. Einmal begleitete sie ihren Mann bei einem Kuraufenthalt. Der Erholungseffekt für sie selbst war gering.

Wie alt sind Sie?
62.

Da bekommt das Leben eine andere Perspektive als man Sie sich vorgestellt hatten?
Sicher. Man meint, wenn man ein wenig heraußen ist und keine Schulden mehr hat, dann kann man etwas unternehmen. Aber es geht nichts.

Was hatten Sie sich vorgestellt?
Nichts Besonderes, ab und zu fortfahren. Wir sind ja nirgends hingekommen, wir hatten nie Urlaub, nichts. Ich hatte seinen Vater im Haus, weil die Mutter früh gestorben ist, und dessen ledigen Bruder, der 94 Jahre alt geworden ist, und beide betreut. Dazu kamen die drei kleinen Kinder. Ich bin nie aus dem Haus gekommen. Nur zum Einkaufen, zum Doktor oder zum Zahnarzt. Sonst habe ich nur gearbeitet und habe meinen Mann auch nicht viel gesehen, weil er viel weg war. Am Samstag und Sonntag war er da, aber da war auch viel zu tun. Ich war immer gesund und leistungsfähig. Mir war es auch lustig.

Sie haben auch gemeinsam etwas aufgebaut.
Ja, schon. Dann hat er immer gewollt, dass seine Kinder einmal nicht um das Erbteil streiten. Deswegen haben wir noch zwei Häuser gekauft. So hat jede ein Haus bekommen.

Haben Sie sich Gedanken darüber gemacht, wie es zu der Erkrankung gekommen sein könnte?
Irgendetwas muss einmal gewesen sein, etwas Einschneidendes, das ihn total aus dem Gleis geworfen hat, oder es ist etwas abgestorben im Gehirn.

Fällt Ihnen etwas ein, das so einschneidend gewesen sein könnte?
Na ja, er hatte einmal eine Freundin, ein Jahr lang. Und als ich dahintergekommen bin, hat er sich entscheiden müssen. Vielleicht war es das? Aber es sind so viele,

die ihre Liebschaften gehen lassen müssen, und trotzdem geht das Leben weiter.

Haben Sie das Gefühl, dass Sie ihm jetzt mehr zurückgeben müssen als Sie von ihm bekommen haben?
Ich weiß nicht, wie ich das sagen soll. Wir sind die Generation, die als Frau noch das Dienen gelernt hat. Dass man sich unterordnen muss.

Ihr Mann hat gesagt, Sie sollen ihn in ein Heim geben, wenn es nicht mehr geht. Ist das ein Thema für Sie?
Einstweilen nicht. Solange es geht und solange ich das machen kann, soll er bleiben.

Welche Grenze haben Sie da?
Wie es mir gesundheitlich geht. Ich kann ja auch einmal ausfallen, und womöglich sterbe ich vor ihm. Die Kinder sagen, sie helfen zusammen. Die Töchter und Schwiegersöhne haben ein gutes Verhältnis zu ihm. Er hat alles für sie getan.

War er ein besserer Vater als Ehemann?
Ja, schon. Deswegen sage ich, man darf nicht nur die schlechten Zeiten sehen, man muss auch die guten herausholen.

Was vermissen Sie an Ihrem Mann am meisten in dem Zustand, in dem er jetzt ist?
Dass er nichts mehr weiß. Man hat keine gemeinsame Erinnerung mehr. Das fällt mir so schwer. Und weil er von sich aus keinen Antrieb mehr hat. Zuerst war immer er der Treibende.

Fällt das Gegenüber weg?
Ja, das fällt weg. Er ist wie ein alter Elternteil mit achtzig Jahren oder wie ein Kleinkind.

Wird er Ihnen dadurch fremder?
Schon, freilich. Er sagt nichts. Wir reden am Abend kein Wort, in der Früh kein Wort, erst wenn wir mit der Arbeit anfangen. Er fängt von sich aus kein Gespräch an, auch bei Tisch nicht.

Wenn Sie nicht anfangen ...
... wird nichts geredet. Ich sage oft, wenn ich nicht antreiben und schimpfen würde, würden wir eine ganze Woche nichts reden.

Was sagt er darauf?
Nichts.

Das ist hart.
Ich sage immer, das kann sich niemand vorstellen, der das nicht erlebt. Man hat einen Partner neben sich, aber man hat niemanden, man ist alleine.

Was tun Sie, wenn es Ihnen zu viel wird?
Ich habe sehr viel Freude mit Blumen. Da gehe ich im Sommer hinaus und zupfe ein bisschen herum.

Sie lenken sich eher ab?
Ich stürze mich in die Arbeit, so gut ich kann. Doch manchmal wird es mir körperlich zu stark. Aber wenn ich das draußen nicht hätte und nur mit ihm allein herinnen sein müsste, wäre das noch härter.

Karoline Muhr weiß, dass die Zeit kommen wird, wo sie Hilfe brauchen wird, um die Pflege ihres Mannes zu bewältigen. Möglicherweise wird ihre Tochter, die daheim am Hof ist, die Arbeit aufgeben, um die Mutter zu entlasten. „Man muss es einfach annehmen, wie es ist, dann ist es leichter", sagt sie.

Hadern Sie manchmal mit Ihrem Schicksal?
Wenn ich zum Frauenstammtisch gehe, schaue ich in die Runde und denke mir, jede hat ihre Sorgen. Jede muss mit ihrem Schicksal fertig werden, und aus. Wenn man zurückblickt, fallen einem meistens nur die schönen Erinnerungen ein, auch wenn es oft sehr hart war.

Trotzdem überleben, trotzdem lachen

Erika Pluhar, 70, Schauspielerin, Chansonnette, Schriftstellerin, hatte mehrere Tode zu betrauern, vor allem den ihrer Tochter Anna.

„Trotzdem“ sei ihr Lebensmotto, habe ich über Erika Pluhar gelesen. Woher kommt dieses Trotzdem bei ihr? Erika Pluhar empfängt mich in ihrer grün verwachsenen Villa in Grinzing. Ihr Hund Zecherl gibt ihr lautstark Geleitschutz, entpuppt sich aber rasch als freundlicher Vierbeiner. Um das 40. Lebensjahr herum, erzählt die Künstlerin, habe sich das Wort „Trotzdem“ in ihr Leben eingeschlichen. Zu einer Zeit, als sie begonnen habe, den Blick auf die Welt zu schärfen. Auch wenn sie keine „68“erin gewesen sei, habe sie angefangen, sich „politisch umzusehen“.

Das Wort „trotzdem“ war zuerst eher politisch gemeint?
Ja, aber immer auch privat. Das Signal, das mir aus diesem Wort geschenkt wurde, ist diese Lebensbemühung, die Schritte zu setzen, ohne zu glauben, man wird das perfekte Ziel erreichen. Dass man aber trotzdem in eine Richtung geht, die dem eigenen Herzen, dem eigenen Bewusstsein, der eigenen Haltung gemäß ist. Erst als ich mit dem Begriff schon künstlerisch umgegangen bin, habe ich sehr viele Trotzdems leben müssen. Es kamen dann vermehrt Verluste auf mich zu und Lebenskonstellationen, wo ich diesen Begriff weidlich nützen musste fürs Weiterleben.

Der Begriff war vorher da, ohne Not?
Ich war immer ein Menschenwesen, das mit Not konfrontiert war. Das begann mit meinen ersten Lebenseindrücken, die solche des Krieges waren. Das prägt ungeheuer. Ich bin 1939 geboren, in Wien. Die Möglichkeit der Katastrophe wurde mir damals bewusst. Und meine zweite gefährdende Lebenshürde war eine massive Anorexie, eine Magersucht, zu einer Zeit, als es dafür den Namen noch gar nicht gab. Meine Familie war in totaler Verzweiflung, und ich auch.

In welchem Alter war das?
Mit 16. Bis zur Matura hatte ich es halbwegs wieder geschafft. Zwei unverheiratete Kleinhäuslerinnen, bei denen wir in Unterach am Attersee zur Sommerfrische eingemietet waren, haben mir das Leben gerettet. Die haben in einem natürlichen und naturhaften Verständnis verstanden, mich wieder zum Essen zu bringen, ohne zu sagen: „Iss doch.“ Viel später, als ich ein Interview mit Alice Schwarzer* hatte, sagte die: „Eh ganz klar, das war ein ganz anderes Frauenbild.“ Stimmt ja auch. Die waren unverheiratet, lustig, nicht von einer zwischengeschlechtlichen Zweisamkeit niedergedrückt. Dann lebte ich aber selbst zwei Ehen, von

mir selbst gesucht, man ist ja da nicht unbeteiligt, die waren auch mit viel Not verbunden. Die musste man auch überleben, bei aller Belehrung und allem Reichtum, der mir auch dadurch erwachsen ist. Ich will das nicht nur negativ sehen. Aber es war hart, da durchzukommen.

„Trotzdem“ ist für mich nicht nur ein Lebensmotto geworden, sondern auch ein Überlebenswort.

**Alice Schwarzer, deutsche Feministin, Begründerin der Zeitschrift „Emma“.*

War diese Notwendigkeit zu überleben von Anfang an in Ihnen abgespeichert?

Ich wusste nicht, dass ich tatsächlich vom Leben so sehr aufgerufen sein würde zu überleben. Wobei sicher das Härteste und Unfassbarste der Tod meiner Tochter war. Aber es gab meinen Enkelsohn Ignaz. Da musste ich mein ganzes Trotzdem aufwenden. Ich musste überleben, ich musste weiter leben. Plötzlich musste ich zur Omarolle noch einmal alle mütterlichen Pflichten übernehmen. Freunde haben mir geholfen. Ich hatte großes Glück mit einer Studentin, die ein bisschen älter war als Ignaz, die mit ihm das Alltagsleben geschafft hat. Sie war ihm nicht Muttersatz, sondern eher eine schlampige, vergnügte Schwester. Ich konnte ja nicht voll in ein Mutterdasein einsteigen, ich musste auch meinen Beruf weiter ausüben.

Ich konnte diesen Verlust sicher auch bewältigen, weil ich ihn in mein Weitertun einflechten konnte. Ich habe mein Buch „Verzeihen Sie, ist das hier schon die Endstation?“ vor Annas Tod begonnen. Es waren die Schienen ausgelegt, es nach ihrem Tod zu Ende zu schreiben, und dabei auch ihren Tod zu durchwandern. Ich war gerade dabei, eine CD aufzunehmen, und ich wurde unterbrochen bei dem Lied „Die unerfüllbaren Wünsche“. Das Lied beginnt: „I mechert was habn, was mir für ewig ghört“. Genau bei diesem Lied wurde ich im Studio unterbrochen und habe erfahren, dass Anna tot ist. Wir haben dann nach zwei, drei Wochen diese Produktion zu Ende geführt, haben zwei Lieder hinzugefügt. Alle Musiker und ihre Freunde kamen ins Studio und haben mit mir gesungen. Wie soll ich sagen? Die Transformation in eine künstlerische Form war mir da sicherlich auch hilfreich.

In welcher Verfassung ist man zwei Wochen nach dem Tod seines Kindes?

Ich weiß es nicht. Das Leben an und für sich, das Alltagsleben, sagt halt: „Jetzt putz dir die Zähne, jetzt iss was, jetzt stehst du wieder auf, jetzt nimmst du doch wohl auch ein Bad.“ Mit diesen Alltagsbefehlen stolpert man irgendwie weiter. Und plötzlich kommt ein Tag und man hört sich wieder lachen, und man merkt, es schmeckt einem wieder etwas. Aber ich habe eine lange Zeit, ich nenne es, wie hinter Glas gelebt. Ich war auf eine schreckliche Weise gesund, mir hat nichts wehgetan. Jetzt bin ich wieder ängstlich bei Flügen. Damals saß ich im Flugzeug, das hat schaukeln können und herumwirbeln und es war mir egal. Ich war ein bisschen gefühllos, ein bisschen leblos. Aber ich habe trotzdem dieses Buch und diese CD zu Ende gemacht, konnte einen Film drehen. Ich war unendlich belastbar, weil ich nicht ganz da war. Dann, so im Lauf der Zeit und der Jahre, kam alles wieder zurück. Mein Kreuz tut mir weh, ich habe wieder Ängste. Plötzlich schleicht sich das Erdenleben wieder ein. Aber trotzdem gibt es eine Relativierung, die einen nie wieder verlässt. Über gewisse Sachen regt man sich nicht mehr auf. Und eine gewisse Trauer lege ich auch nicht ab und will sie auch gar nicht ablegen. Mit ihr lebe ich, trotzdem. Trotzdem kann ich mich freuen, kann lachen, kann vor allem auch bei meinen Auftritten bei aller Ernsthaftigkeit, die ich immer wieder einfließen lasse, die Leute zum Lachen bringen.

Konnten Sie immer über Ihre Tochter reden?

Ich habe es immer getan. Ich habe es auch mit dem Ignaz immer getan, der lange nicht und bis heute nicht wirklich über sie reden kann. Wir haben da im Garten einen alten Weinkeller. Er hat sich eine Zeit lang richtig da hineinverkrochen, wie in den Schoß der Mutter Erde. Er hatte ganz liebe Freunde, die mit ihm hinuntergekrochen sind. Die haben sich Möbel und Decken hinuntergeräumt. Ich habe das plötzlich so sehr verstanden und sie machen lassen. Er wollte einfach verschwinden.

Haben Sie das Gefühl, dass Ihre Tochter Ihnen noch nahe ist?

Ich kann nicht sagen, was viele tun, sie ist eh da und sie sieht es eh. Aber sie ist hier (und sie zeigt mit der Hand auf ihre Brust). Ich rede mit ihr, aber hier. Sie ist hier. Ich suche sie nicht im Universum und auf einer Wolke. Ich proste ihr zu oder stoße auf sie an, wenn ich mit Freunden bin. Ich schreibe jeden Tag ihren Namen in meinem Tagebuch. In meinem Tagebuch rede ich auch mit ihr. Das hat nicht das esoterische Klimbim von einem anderen Leben. Sie lebt, so lange ich sie vor mir habe, in mir habe, mit ihr umgehe, mich an sie erinnere. Es gibt ein Wienerisches Lied, das heißt: „Schau ma halt amal, dann wern ma schon sehn", ungefähr so empfinde ich dabei. Entweder ich sehe etwas nachher oder nichts. Und nichts ist ja auch nicht so schlecht.

Springt das Überleben bei Ihnen automatisch an oder braucht der Wunsch zu überleben, trotzdem weiterzugehen, einen Kick von außen?

Ich glaube, das Weiterleben, das Leben ist sehr stark. Die Variante, dass man sich tötet, hätte es ja gegeben, Hand an sich zu legen und sich auch davonzumachen. Das habe ich aber nicht getan. Dazu habe ich mich entschlossen. Also habe ich mich dem Leben wieder überantwortet. Das hat mit sich gebracht, dass ich geschrieben und gesungen habe. Dieses Weggeben von Energien, das bringt immer wieder auch einen Schwall Energie zurück.

Das eigene schöpferische Tun gibt die Kraft?

Ja, nicht nur lesen, was andere geschrieben haben. Wenn man offene Ohren hat, ein offenes Gemüt, wird einem auch etwas gesagt. „Lass es zu" war lange ein wichtiges Lied von mir. Es gibt eine sehr schöne Komposition von Klaus Trabitsch, ein Lied, das wir fast an jedem Abend, wenn wir musizieren, spielen, und das heißt „Wana". Das Weinen ist eine große Kraft. Instinktiv habe ich mich auch nicht auf Ablenkung eingelassen. Denn man erhält natürlich Ratschläge wie „Mach eine Reise" oder „Willst du eigentlich in dem Haus bleiben?" oder „Verändere dich". Mir war von Anfang an klar, dass ich das nicht mache, sondern dass ich da durchgehe. Hinunter, hinunter, hinunter. Da ist mir auch eine Lebensparabel in den Sinn gekommen. Ich war als junges Mädchen mit Buben an der Donau bei Korneuburg schwimmen. Dort gab es Strudel. Die Buben sind durchgeschwommen und ich habe mich gefürchtet. Sie haben mir erklärt: „Da schwimmst du hin, dann siehst du den Strudel. Du hältst dir die Nase zu, dann zieht er dich hinunter. Dann ist aber wichtig, dass du nicht strampelst, sondern dass du wartest. Du spürst unten den Grund, die Steine, dann gibst du dir einen Schupf und kommst wieder nach oben." Ich habe das dann auch getan und so meine Angst bezwungen. Das habe ich mir sehr gut gemerkt, dass man den Grund berühren muss, wenn man wieder auftauchen will.

Wie merkt man, dass man am Grund ist?

Wenn es nicht mehr tiefer geht. Das ist dann auch verbunden mit einem Schmerz und einer Trauer und einer Lebensdunkelheit ohne Gleichen. Aber man merkt wirklich, wenn man so tief ist, dass es nicht mehr tiefer geht. Wenn man diese Verfassung zulässt oder erträgt, dann kommt ein nächster Tag und es ist ein bisschen heller. Ich habe dann einfach gespürt, es geht wieder rauf. Ich konnte mich sogar wieder ein bisschen in jemanden verknallen und wurde wieder mehr zur Frau. Ich war schon ein bisschen tot. Aber die kreative

Kraft war nicht tot. Dann ist die kreative Kraft wieder erwacht, und auch die Kraft der menschlichen Sinnenfreude hat mich wieder belebt.

Das hört sich nach einem großen Vertrauen an, auf diesem Boden überhaupt stehen zu können.
Ich vertraue dem Leben. Wenn man mich fragt, woran ich glaube, sage ich: „Ich glaube an das Leben." Wenn ich das beschreiben soll, beschreibe ich es mit Naturbildern. Obwohl ja nichts quälender ist als die Art und Weise, wie wir die Natur zerstören, bändigen, knebeln und vergewaltigen. Deswegen habe ich einen Garten, der darf wuchern wie ein Wald. Ein bisschen sind es diese Elemente, woran ich mich wirklich erbauen kann, Bilder der Natur.

Als Burgschauspielerin war Erika Pluhar in den 1970er- und 1980er-Jahren ebenso bekannt wie aufgrund ihrer Männerbeziehungen. Sie galt den Medien als „Femme fatale", war verheiratet mit Demel-Chef Udo Proksch und Allround-Künstler André Heller. Ihr Lebensgefährte Peter Vogel, Schauspieler wie sie, alkoholkrank, nahm sich das Leben. Hinter diesen glamourösen Fassaden, sagt die Künstlerin, habe sich aber immer die „kleine Erika" versteckt, um nicht verletzt zu werden. Die Liebe habe sie bis heute nicht so erfahren, wie sie sich das als junge Frau ersehnt hatte. Sie habe im Gegenteil im Laufe ihres Lebens immer dezidierter gewusst, dass sie allein ist.

Sie haben so viele Freunde und Bekannte – fühlen Sie sich trotzdem allein?
Trotzdem allein. Und das war dieser furchtbare Schicksalsschlag, weil meine Gefährtin und Freundin und Beraterin und meine Lebensbegleiterin eigentlich meine Tochter war.

War sie ein Wunschkind?
Nein, aber ein sofort akzeptiertes. Ich bin nur ein einziges Mal in meinem Leben schwanger geworden. Das war die Anna. Da habe ich auch nicht eine Sekunde gesagt: „Ich will sie nicht kriegen." Dann war sie da. Sie ist aber in sehr, sehr schwierige Zeiten hineingeplumpst. Diese Eltern, die sie gehabt hat, haben ihr Leben sicher sehr erschwert. Mich hat man aufgefordert, als Bundespräsidentin zu kandieren, und der Vater war im Häfen, als Mörder*. Dazwischen musste sie als Tochter leben. Das war sehr schwierig für sie. Sie hat ihren Vater sehr geliebt. Seine Haft hat sie sehr hergenommen. Sie ist an einem Herzschlag bei einem Asthmaanfall gestorben.

**Udo Proksch, schuldig gesprochen, durch den angeblich absichtlich herbeigeführten Untergang des Schiffes „Lucona" den Tod von Menschen verantworten zu müssen.*

Sie haben gesagt, Ihre Tochter war sehr vieles für Sie.
Sie war im Laufe der Jahre fast mehr eine Mutter für mich als ich Mutter war für sie.

Weil sie Sie bemuttern konnte?
Nein. Sie war eine unglaublich ehrliche und konsequente und wissende Person, die Anna. Wenn die gesagt hat, das war blöd, dann habe ich mir das noch einmal angeschaut, und sie hat Recht gehabt, es war blöd. Die hat immer gesagt: „Wie du schiach warst in der Zeit wie du schön warst."

Das ist ein netter Satz.
Sie war wirklich ein Regulativ. Wenn sie dafür war, dann habe ich gewusst, das stimmt. Und wenn sie dagegen war, habe ich mir die Sache noch einmal überlegt, und sie hat meistens Recht gehabt.

Bleibt sie als inneres Regulativ bestehen?
Ich versuche schon, ihr immer alles darzulegen, stelle ihr auch Fragen. Aber das sind natürlich immer sehr entscheidende Fragen an mich selbst und an meine innere Balance. Alle Fragen muss man erst einmal für sich ausbalancieren, bis man zu einer Festigkeit kommt.

Zehn Jahre nach dem Tod ihrer Tochter hat Erika Pluhar zu einer neuen Form der Lebensfreude gefunden. Ihren 70. Geburtstag feierte sie mit einer großen Schar von Freunden in Lissabon. „Jeden Abend haben wir meine Filme angeschaut, gemeinsam gegessen und gelacht", erzählt sie.

Empfinden Sie sich als verwundeter Mensch?

Ja. Seltsamerweise heißt meine erste Schallplatte mit eigenem Text „Narben", und ich habe daraufgeschrieben: „Der Verlust schmerzt, nicht das Verlorene, die Angst vor dem Sterben ist es, nicht vor dem Tod." Im Nachhinein staune ich, warum ich schon damals ganz stark zu diesem Thema gefunden hatte. Ich bin sicher voller Narben, und die brechen auch immer wieder auf.

Jeder Tod, den Sie erlebt haben, hat bewirkt, dass das Leben danach anders war.

Ja, es wurde anders. Ich kann den Gedanken oft nicht leiden, aber im Wort Verlust steckt ja auch die Lust. Das darf man nicht vergessen. Die Verluste bereichern auch. Aber das ist ein Gedanke, den denke ich nur ganz kurz, denn sofort denke ich dann, verdammt, ich könnte auf diese Form der Bereicherung aber verzichten.

Alles, was man an großer Verwundung bekommt, trifft einen ja unvermutet.

Das kommt aus dem Nichts, ja.

Und verändert von einer Minute auf die andere das Leben.

Es heißt aus gutem Grund Schicksalsschlag. Ich erlebe immer Mütter, die sagen: „Wenn ich mir das jetzt vorstelle!" Und ich sage: „Stellt es euch bitte nicht vor!" Sonst kann man nicht leben.

Einen guten Teil des Jahres ist Erika Pluhar aus ihren Büchern vortragend oder singend unterwegs. „Der Sinn des Lebens reduziert sich für mich letztlich auf das Leben selbst", sagt sie. In der Gegenwart sein, nicht zu weit im Voraus planen, offen sein, schöpferisch. Ein neues Buch ist im Entstehen, Lieder sind im Kopf.

Was bedeutet Ihnen derzeit viel?

Zum Beispiel solche Tage, wie ich sie jetzt habe. Wenn man mir erlaubt, einfach zu Hause zu sein, mit einem Wienerwald-Spaziergang und ein bisschen Schreiberei, das ist für mich das Schönste. Ich mag nicht reisen, und wenn ich reise, fahre ich dorthin, wo ich es schon kenne. Ich habe kein Fernweh, ich habe ein Bleibeweh.

Und offensichtlich eine Sehnsucht nach Momenten, in denen alles zusammenstimmt, in denen sich alles die Balance hält.

Wenn ich weiß, ich kann ruhig sein, es geht denen, die ich liebe, gut, es treibt mich nichts, ich kann müßig sein, ich kann tun, ich kann auch einmal ziellos sein, in den Garten gehen, mich hinsetzen, etwas erfinden. Wenn ich nur gelassen sein darf, dann geht es mir gut.

Vielleicht löst die Gelassenheit das Trotzdem ab?

Ja. Das Trotzdem ist ein eher kämpferischer Begriff. Die Gelassenheit braucht kein Trotzdem. Aber man braucht viel Trotzdems, um gelassen zu werden.

Buchtipp: *Erika Pluhar „Mehr denn je" Alle Lieder, Residenz Verlag 2009*

Mein Herz hat zwei Leben

Jörg Przybilla, 56, ist Bankkaufmann in München und lebt mit einem transplantierten Herzen.

Auf Jörg Przybilla werde ich aufmerksam, weil er sich in einer süddeutschen Zeitung als Herztransplantierter für Organspenden einsetzt. Den flotten Mittfünfziger begleiten seit seiner Kindheit Herzprobleme. Herzklappenoperation und Herzschrittmacher reichten aber nicht aus, um das Loch im Herzen, mit dem er geboren wurde, wettzumachen. Im Februar 2005 wurde ein Spenderherz in seinen Körper verpflanzt. Seither lebt er damit. Bestens, wie er sagt.

Ist Ihr Leben wieder ganz normal?

Ja. Wenn ich mich tagsüber in meinem Beruf bewege und unterwegs bin oder Sport treibe, denke ich nicht daran. Ich werde jeden Morgen und jeden Abend durch die Tabletteneinnahme daran erinnert, und wenn ich morgens vor dem Spiegel stehe und meinen zernarbten Körper sehe.

Woher rühren Ihre Narben?

Bei der Herztransplantation wurde der Brustkorb zur Gänze geöffnet. Bei einer Gallenoperation hat man mich geschnitten, zudem hatte ich einen Herzschrittmacher. Mein Körper sieht ziemlich kriegsversehrt aus.

Gegen wen hat der Krieg stattgefunden? Wer war der Gegner?

Der Tod, wenn man es genau nimmt. Der hat schon hin und wieder angeklopft bei mir. Ich habe ihn nie hereingelassen. Ich hatte schon immer viel Lebensmut und eine positive Einstellung zum Leben. Depression kenne ich nicht. Schon Tiefpunkte, wo mal etwas nicht so läuft, oder Niederlagen, aber ich habe nie gehadert, warum denn nur ich? Ich habe gedacht, das ist mein Schicksal. Ich habe es angenommen, und deswegen konnte ich damit gut umgehen. Es gibt so viele Menschen, die sich teilweise nicht mehr bewegen können und trotzdem Spaß am Leben haben. Ich kann ja alles normal machen. Warum soll ich traurig sein oder depressiv? Mein Umfeld hat mir das Leben auch etwas leichter gemacht, auch den Wiedereinstieg in meinen Beruf. Ich bin schon im 19. Jahr bei der Deutschen Leasing tätig. Als ich krank war, bin ich ein Jahr ausgefallen – durch die Krankheit, die Operation, die Rehabilitationsmaßnahmen. Man hat mich wieder aufgenommen. Ich konnte einen ganz vorsichtigen Einstieg machen, indem ich zuerst zwei Tage, dann drei Tage, dann vier Tage und seit zwei Jahren wieder fünf Tage die Woche arbeite. Das ist schon toll. Man hat mir den

Einstieg auch finanziell leichter gemacht, indem man mir meine Bezüge für ein Jahr garantiert hat. Dadurch war es natürlich wesentlich leichter.

Ist die Perspektive, wie es danach weiter geht, wichtig, damit man den Kampf aufnimmt?
In gewisser Weise schon. Auf der anderen Seite muss ich ehrlich sagen, zu dem Zeitpunkt, als feststand, dass der Schritt mit der Transplantation gegangen wird, war mir das erst einmal egal. Für mich stand der Überlebenskampf im Vordergrund. Ich habe sehr schnell realisiert, dass es nur mehr um mich selbst geht.

Haben Sie sich mit den technischen Fragen der Operation intensiv beschäftigt?
Ja, schon. Ich habe mir immer alles sehr genau erklären lassen.

War das für Sie wichtig, um Sicherheit zu gewinnen?
Ja, ich wollte immer alles genau wissen. Ich konnte es nicht ausstehen, wenn Ärzte um mein Bett standen und fachsimpelten. Ich habe immer gesagt: „Hallo, meine Damen und Herren, sprechen Sie über mich? Dann erklären Sie es mir bitte so, dass ich es verstehe." Da waren natürlich einige nicht gerade begeistert.

Dämpft es Ihre Angst, wenn Sie alles verstehen?
Nein, ich wollte nur immer gerne wissen, was mit mir ist. Ich kann mich dann besser darauf einstellen, auch gedanklich. Ich kann dann mehr Ruhe in mich hineinbringen. Wenn ich weiß, was mit mir ist, kann ich mich entspannen. Wenn ich nicht weiß, was gemacht wird, bin ich verkrampft, und dann kann unter Umständen auch etwas schief gehen. Die Ärzte haben mir bestätigt, dass ich bei den Operationen immer körperlich mitgemacht habe. Ich hatte im Unterbewusstsein immer Kraft.

Das Verstehen führt zu einem inneren Bild, wie das funktioniert, und zu einer Vorstellung, wo Sie selbst etwas dazu tun können?
Richtig. Bis auf eine Operation – das Einsetzen des Herzschrittmachers – hat es nie Komplikationen gegeben. Ich bin vorher dort reingegangen und habe mir gesagt: „Das schaffe ich, da komme ich durch." Diese Vorstellung hat sich vermutlich in meinem Körper, in meiner Muskulatur festgesetzt, und dazu geführt, dass es auch für die Ärzte entspannter war.

Was ist der Körper aus Ihrer Sicht? Eine Maschine?
Weiß ich nicht. Das spielt sich bei mir im Kopf ab, und was sich dort abspielt, geht in den Körper hinein. Deswegen mag ich es nicht, auch im Job, wenn man mir sagt, das geht nicht. Geht nicht, gibt es nicht. Dann will ich wissen, warum es nicht geht. Wenn man mir das erklärt und ich das nachvollziehen kann, dann akzeptiere ich das auch. Aber nur zu sagen, das geht nicht oder das mache ich nicht, das lasse ich so nicht stehen.

Welche Erfahrung haben Sie in solchen Situationen mit Ihrem Gefühl gemacht?
Das wirkt sich bei mir so aus, dass ich ruhig bin, wesentlich entspannter, und weniger Schmerzen habe. Und Dinge über mich ergehen lassen kann, wo andere Angst haben oder verkrampft sind.

Ist es das, was man unter dem Begriff „mit sich im Reinen sein" versteht?
So ungefähr kann man das sehen.

Damit man mit sich selbst ins Reine kommt, muss man mit Gefühlen von Angst, Trauer, Unsicherheit umgehen.
Das spielt sich bei mir vor allem mental ab. Ich habe es auch gelernt, habe autogenes Training gemacht. Wenn ich merke, dass ich unruhig und angespannt bin, nehme ich mich für einen Moment zurück, gehe raus und hole mich runter. Das schaffe ich sehr gut.

Wird durch eine so schwere Erkrankung die Selbstaufmerksamkeit geschult?
Durchaus, ja.

Wird man auch vorsichtiger mit sich selbst?
Unbewusst wahrscheinlich. Bewusst lebe ich völlig normal, lasse mir auch nach außen nichts anmerken. Ich gehe auch nicht zu Untersuchungen, sitze im Wartezimmer, nur um dort von meiner Erkrankung zu erzählen. Ich habe andere Dinge, die ich erzählen kann.

Woran denken Sie da?
Ach, an viele Situationen. Ob das Urlaube waren oder Freizeitbeschäftigungen oder meine politische Tätigkeit, die ich viele Jahre ausgeübt habe. Das hat meinen Lebensweg geprägt. Das ist das wahre Leben.

Für Menschen mit Behinderungen ist es oft ein Problem, dass sie hinter den Behinderungen nicht als Mensch wahrgenommen werden.
Ich bewundere viele Menschen, wie die damit umgehen. Von diesen Menschen kann man unheimlich viel lernen. Wenn ich mir ansehe, wie diese Welt funktioniert, ist es eigentlich grausam. Es geht nur um immer mehr Profit, immer größer, immer stärker zu werden, alles immer mehr zu machen und zu haben. Statt zu sagen, okay, wir haben so viel, lasst uns das erhalten, das reicht doch. Gerade durch die Weltwirtschaftskrise heißt es überall: oh Gott! Aber was haben wir alles! Das wird nicht gesehen, sondern nur, was wir verlieren. Es verliert kein Mensch etwas, wir machen nur weniger gegenüber den vorherigen Jahren. So etwas finde ich schlimm. Beim Wiedereinstieg in meinen Job hatte ich zum Teil richtige Identifikationsprobleme.

Durch den Druck?
Mit der Art und Weise. Ich war ein Jahr lang damit beschäftigt, wieder ins Leben reinzukommen, wieder ein normales Leben zu führen, so dass man nach außen hin sagen kann, der ist ganz normal. Wenn man dann zurück im Job erlebt, wie gesagt wird, was man im nächsten Jahr alles größer und besser machen will, dann bin ich 2005 dabeigesessen und habe mir gedacht: „Willst du das noch? Brauchst du das noch?“

Ist es Ihnen absurd erschienen?
Ja, völlig. Wenn man sieht, mit welchem Enthusiasmus die Leute sich darstellen und sagen, was da alles abgehen muss, denke ich: „Du bist eigentlich ein ganz armer Wicht. Du weißt gar nicht, was das bedeutet.“ Es muss nicht sein, dass jeder ein Schicksal erleidet, das ihn auf den Boden der Tatsachen zurückbringt. Aber ich hatte gehofft, dass eine Zeit, wie wir sie jetzt haben, dazu führt, in sich zu kehren und zu überlegen, wie wir künftig weitermachen. Doch man versucht nur, den Schaden so gering wie möglich zu halten und dort wieder hinzukommen, wo man vorher war. Das finde ich furchtbar.

Hatten Sie vor der Operation mehr Verständnis für diese Logik?
Nein, ich hatte schon vorher diese Einstellung. Aber ich mache den Job heute, um mir ein schönes Leben zu ermöglichen. Dadurch kann ich mir Dinge gönnen, die ich sonst nicht haben könnte. Damit ich, wenn ich einmal von diesem Planeten gehe, schöne Erinnerungen mitnehmen kann. Das habe ich immer so gemacht. Ich lege nicht so viel Geld zurück, um für später zu sparen. Nein, ich mache Dinge, die mich freuen, heute.

Jörg Przybilla ist schon immer ein sehr selbstständiger Mensch, wechselt Berufs- und Wohnorte, ist ehrgeizig und sportlich. Gemessen an seiner einfachen Herkunft aus einem Bauerndorf im Norden Deutschlands, habe er es weit gebracht, meint er nicht ohne Stolz. Auf die Herztransplantation bereitet er sich gründlich vor, versucht, alle offenen Fragen zu klären und macht alle notwendigen Verfügungen. Seine Partnerin steht das ganze Jahr der Rekonvaleszenz an seiner Seite. Sie ist auch diejenige, die ihn immer wieder

in seinen Tiefpunkten mit aufbaut. Nun, meint er, kennen sie einander „in- und auswendig".

Wenn man ein Spenderherz bekommt, ist das extremes Angewiesensein. Leben oder Tod hängen von jemand anderem ab.

Das ist richtig. Wenn man die Entscheidung getroffen hat, ist man davon abhängig, ob jemand anderer zu Lebzeiten bereit ist, im Falle seines Todes seine Organe zu spenden. Aber dessen darf man sich nicht bewusst sein, sonst bekommt man Angst. Dann kann die Wartezeit richtig zur Qual werden. Vor allen Dingen, wenn man denkt, hoffentlich stirbt bald einer. Das darf man nicht.

Gab es bei Ihnen einen Moment, wo Sie überlegt haben, sterben wäre eine Alternative?

Nein.

Ich habe den Eindruck, Sie sind ein Mensch, der anstehende Dinge offensiv angeht.

Ich konnte noch nie in meinem Leben ertragen, etwas vor mir herzuschieben. Ich kann mich an viele Situationen in meinem Leben erinnern, wo ich eine Lösung für Unangenehmes zu finden hatte. Ich erledige bis heute die unangenehmen Dinge gleich am Vormittag, sodass ich den Nachmittag für mich habe, um mich den schönen Dingen zu widmen. Auf dem Schreibtisch liegen bei mir immer die unangenehmen Dinge obenauf.

Kommt Ihnen diese Disziplin in Ihrer jetzigen Situation entgegen?

Ja. Ich nehme aber auch Dinge hin, wenn es nicht wert ist, darüber ein Wort zu verlieren. Es gibt den schönen Spruch: „Herr, gib mir die Gelassenheit, die Dinge hinzunehmen, die ich nicht ändern kann, den Mut, die Dinge zu ändern, die ich ändern kann, und die Weisheit, das eine vom anderen zu unterscheiden." Das ist mein Grundsatz. Der hängt bei mir im Büro auch an der Wand.

Spielt Religion für Sie eine Rolle?
Ja und nein. Für mich gibt es etwas, das auf mich einen Einfluss in der Form nimmt, dass es mir Kraft gibt.

Gilt das in Extremsituationen verstärkt?
Ja. Es ist irre, aber es ist so.

Können Sie es beschreiben?
Beschreiben ist schwierig. Aber es gibt Situationen, wo ich denke: „Wie bekommst du das gelöst? Warum funktioniert das nicht?“ Wo ich mich dann mit dieser Kraft austausche. Und eine Lösung finde oder zumindest Hilfe. So kann man das beschreiben.

Also, zu sich selbst kommen, sich öffnen für eine Lösung, die man noch nicht kennt?
Ich bin offen und ehrlich: Ich führe jeden Abend ein Gespräch mit dieser Kraft. Das gibt mir eine innere Ruhe. Ich weiß, wenn es drauf ankommt, ist sie da.

Ist Dankbarkeit für Sie eine wichtige Kategorie?
Ja, das spüre ich. Eine große Dankbarkeit, auch dem Menschen gegenüber, der mir die Möglichkeit gegeben hat, weiterzuleben.

Von ihm wissen Sie nichts?
Nein, nur ein bisschen. Ich weiß nicht, wie er heißt, woher er kommt, ob er verheiratet war, ob er Kinder hatte.

Würden Sie das gerne wissen?
Ja und nein. Manchmal denke ich, dass man nach einer gewissen Zeit Kontakt aufnehmen könnte. Vielleicht ist es aber auch gut, wenn es nicht so ist, denn man weiß nicht, was man damit aufwühlt.

Es ist gesetzlich geregelt, dass Sie als Empfänger und die Familie des Verstorbenen nichts Näheres voneinander wissen.
Die Angehörigen des Spenders bekommen nur eine Nachricht, ob die Transplantation erfolgreich war. In meinem Fall ist das für die Angehörigen vielleicht eine große Genugtuung, zu wissen, er ist nicht umsonst gestorben.

Als das Spenderherz verfügbar ist, muss Jörg Przybilla sich innerhalb von zehn Minuten für die Operation entscheiden. Danach wird sechs Stunden operiert. Nach dem schrittweisen Aufwachen, die Erleichterung: keine Abstoßungsreaktionen.
Schon vor der Operation hat er sich fest vorgenommen, alles zu tun, damit die Organspende noch öffentlicher und noch bewusster wird. Einige seiner Kollegen haben inzwischen einen Organspenderausweis, mit dem sie dokumentieren, dass sie im Fall ihres Todes anderen eine Lebenschance geben möchten.

Gibt es beim Spenderherz eine absehbare Zeitspanne, wie lange man damit leben kann?
Viele leben länger als die durchschnittliche Dauer von fünfzehn Jahren. Der erste in München transplantierte Patient lebt bereits 26 Jahre.

Man hat nicht das Gefühl eines Ablaufdatums für sich selbst?
Nein. Mein Ablaufdatum ist 85. Das habe ich mir selbst gesetzt. Da habe ich noch knapp dreißig Jahre. Und die werde ich jeden Tag genießen. Das ist eigentlich mein Ziel.

Lance Armstrong ist mein Vorbild

Max Rechenmacher, 14, Schüler, wird immer wieder durch Tumore in der Schleimhaut beeinträchtigt.

Max Rechenmacher ist der Zweite in einer Reihe von sieben Geschwistern. Seit seinem elften Lebensjahr hat er mit Tumoren in der Schleimhaut der rechten Gesichtshälfte zu kämpfen. In den vergangenen Jahren sind sie immer wiedergekommen und wurden ausgeschabt. Die Wange wurde mit transplantierter Knorpelmasse wieder aufgebaut. Jüngste Untersuchungen haben gezeigt, dass die Tumore wieder da sind, gutmütig zwar, aber doch bedrohlich. Die Knorpel sind verschwunden, die Ärzte wissen noch nicht, warum. Die weitere Therapie ist ungewiss.
Max geht ins Gymnasium. Er stimmt der Interviewanfrage zu, weil auch Thomas Geierspichler, eines seiner Idole, in dem Buch vorkommen wird. Am Anfang des Gesprächs erzählt Max, dass er am liebsten Trompete studieren würde. Seit er sieben ist, spielt er das Instrument, vor allem „weil mir das Laute taugt".

Hat dieses Instrument auch mit deiner Krankheit zu tun?
Es war der Mut, nach der Krankheit weiterzumachen. Es war die Motivation, dass ich wieder dort hinkomme, wo ich vor der Krankheit schon war, und noch ein Stück weiter. Eigentlich hat der Arzt gesagt, ich darf nicht mehr blasen, denn dadurch könnten Tumore wieder zu wachsen beginnen. Dann haben wir das Krankenhaus gewechselt. Der neue Arzt war anfangs derselben Meinung, sagte aber dann, wir probieren es einfach. Ich habe es getan und es hat funktioniert.

Als Max zehn ist, ist ständig seine Nase verstopft. Die Ärzte meinen, das sei ein Polyp. Man entscheidet, ihn operativ zu entfernen. Während der Operation zeigt sich, dass es Tumore in der Kieferhöhle sind, direkt unter dem Jochbein, hinunter bis zum Kehlkopfdeckel.

Du bist aus der Narkose aufgewacht und es war alles ganz anders als erwartet. Wie ist es Dir da gegangen?
Ein Zehnjähriger macht sich voll an, wenn sich irgendwer an seinem Körper vergreift. Ich habe ein Riesentamtam aus diesem Eingriff gemacht. Als ich aufgewacht bin, war das erste, woran ich gedacht habe, ob meine Mutter schon eine Wertkarte für das Krankenhaustelefon gekauft hat. Meine Mom hat mich so seltsam angeschaut, sodass ich gewusst habe, etwas stimmt nicht. Ich habe weitergeschlafen und bin einen Tag später wieder aufgewacht. Ich habe nicht gewusst, warum ich nicht frei atmen kann. Bis ich das erste Mal in den Spiegel geschaut habe.

ARMSTRONG SEVEN TIME TOUR DE FRANCE CHAMPION
2001
2002
2003
2004
2005

Was hast du beim Blick in den Spiegel gesehen?
Da sind zwei blaue Schaumstoffschnüre aus meiner Nase gehängt. Es war auch etwas Blut dabei. Ich habe gedacht, Scheiße, was tu ich hier eigentlich.

Bist du dir fremd vorgekommen?
Ich hatte die Frage, wer ist das da im Spiegel. Alle um mich haben gewusst, was es mit den Schnüren aus meiner Nase auf sich hat, nur ich nicht. Ich war auch enttäuscht. Eigentlich bin ich mit Hoffnung eingeschlafen und bin mit gar nichts wieder aufgewacht.

Wann ist zum ersten Mal das Wort Krebs gefallen?
Eigentlich erst drei, vier Wochen später. Als ich nach der Operation meine Matheaufgaben nicht mehr machen musste, habe ich für mich selbst überlegt, was da gewesen sein könnte.

Wer hat das Wort Krebs ausgesprochen?
Ich habe es in einem Gespräch zwischen meiner Mutter und meinem Firmpaten gehört. In der Volksschule hat man noch nicht Biologie und da weiß man noch nicht, was das ist. Man hört, da ist wieder wer an Krebs gestorben, aber man macht sich nicht viele Gedanken darüber. Es war mir eigentlich egal, auch mit zwölf noch, mit dreizehn nicht mehr.

Hast du damals nicht selbst nachgefragt?
Ich habe schon nachgefragt, aber die meisten Antworten meiner Mutter waren nicht so, wie ich es mir erhofft hatte, die harte Wahrheit. Wenn sie mir gesagt hätte, du wärst erstickt, wenn du nicht operiert worden wärst, hätte ich vielleicht mehr wissen wollen. Es war auch für meine Mutter nicht einfach, das muss man sagen. Es war gut, dass sie mir zu dem Zeitpunkt nicht alles gesagt haben, meine Eltern.

Man spürt mehr als geredet wird.
Die kleinen Geschwister haben es auch nicht gecheckt. Sie haben versucht, alles einfach weitergehen zu lassen. Das war eigentlich die beste Medizin. Sie haben das weiter als Schnupfen betrachtet. Das war gut, weil man dadurch nicht in ein Loch fällt. Man schaut, dass man wieder machen kann, was der große Bruder macht. Der ist damals mit dem Dreiroller den Gmundnerberg hinuntergesegelt. Das wollte ich auch. Oder zu einem Bach gehen und Fische fangen. Das war psychisch gesehen die beste Medizin.

Warum wurde das Wort Krebs dann mit zwölf, dreizehn bedrohlicher?
Man will einfach mehr darüber wissen. Was ist das jetzt und was hätte sein können. Da lernt man dann auch in Biologie mehr darüber. Mitte der zweiten Klasse haben wir daheim einen Internetanschluss bekommen, und da habe ich gleich ein paar Wörter gegoogelt, die ich daheim immer aufgeschnappt habe. Da bin ich etwas erblasst.

Wie hast du darauf reagiert?
Ich wollte eigentlich mit jemandem reden. Aber nicht mit meinen Eltern. Da waren Freunde für mich sehr wichtig, sind es auch heute noch. Als vor vier Monaten die Tumore wiedergekommen sind, habe ich mir gedacht, was tu ich auf dieser Welt, wenn es eigentlich die ganze Zeit nur darum geht zu überleben und das zu suchen, was du immer suchst, Gesundheit, Glück. Da habe ich mich zwei oder drei Tage in mein Zimmer eingeschlossen und wollte nichts mehr hören. Da sind mir Freunde, beziehungsweise eine Schulkollegin, mit der ich immer in Kontakt stehe, wichtig.

Schon nach den ersten Operationen musste Max sich sehr schonen. Jede unbedachte Bewegung hätte dazu führen können, dass die fragilen Knochen der rechten Gesichtshälfte einbrechen. Nach außen ist sein Gesicht völlig unversehrt.

In dem Alter wächst man, man will sich bewegen und dabei sein bei dem, was die anderen tun. So kontrolliert ist

kein Mensch, sich immer vorzusagen, was er alles nicht darf.

Genau. Ich habe ein Monat lang nach der Operation versucht, nichts zu machen. Dann habe ich angefangen zu lesen. Ich habe Biografien von Lance Armstrong gelesen. Der ist mein Idol, heute noch. Nach dem Krebs, mit zehn Jahren, habe ich für ein Rennrad gespart, und heute fahre ich jede Woche fast 100 Kilometer.

Wie hat Armstrong die Sache mit dem Krebs hingekriegt?

Er war vorher sehr sportlich, ist geschwommen, hat Triathlon gemacht, dann ist er nur mehr Rennrad gefahren und war sogar Jugendweltmeister. Am 2. Oktober 1996 ist er zum Arzt gegangen, weil er geschwollene Hoden hatte. Einen Tag später wurde er schon operiert. Er hatte Metastasen in der Lunge und Tumore im Kopf. Das war eine Hammer-Geschichte, das war echt schlimm. Dann hatte er Chemo. Irgendwann während der Chemo fing er an, wieder Rad zu fahren. Er hat schon versucht, sich zu schonen, aber er hat es auch nicht ausgehalten. Als er klinisch geheilt war, hat er sich noch ein, zwei Wochen geschont, und dann ist er wieder jeden Tag mehrere Stunden auf dem Rad gesessen. Er hatte die Willenskraft, so schnell wie möglich wieder ins Leben hineinzukommen. Das habe ich einfach saugeil gefunden. Das Radfahren hat mir immer schon getaugt, aber das Rennradfahren ist noch geiler.

Hast du dir gedacht, du machst es wie Lance Armstrong?

Nicht vor etwas davonzufahren, sondern schnell auf etwas hinzufahren, das ist für mich der tiefere Sinn beim Radfahren. Ich fahre zu dem hin, dass ich irgendwann einmal etwas Tolles erreiche. Das ist auch beim Trompetenspielen so. Ich habe immer noch die Vorstellung, dass ich irgendwann ein Solokonzert für ein paar hundert Leute spiele. Das ist mein Traum. Das sind Fantasien, die ich mir nach dem Krebs entwickelt habe. Ich habe mir gedacht, ich brauche unerreichbare Ziele, damit ich dort hinkomme.

Kommt das aus dir selbst?

Das habe ich mir schon gedacht, bevor ich von Lance Armstrong gelesen habe. Aber mir hat noch der Kick

GENESIS

gefehlt. Ich wollte immer schon den 3. Hummelsatz spielen, etwas Schwieriges auf der Trompete. Das Radfahren wurde aber dann zu dem, wo ich ein unerreichbares Ziel gefunden habe.

Welches?

Damals war das unerreichbare Ziel der Gmundnerberg. Jetzt fahre ich ihn in zwanzig Minuten rauf und runter. Für einen Zehnjährigen war das wie der Mount Everest. Jetzt ist er eine Aufwärmstrecke. Man versucht immer, ein Alzerl mehr zu geben als beim vorigen Mal. Im vergangenen Jänner bin ich den Gmundnerberg hinauf und nach Ebensee gefahren, jetzt möchte ich in die Gosau hineinfahren. Man versucht, immer noch mehr Kilometer zusammenzubekommen. Jetzt ist ein Ziel, an einem Tag zu meinem Firmpaten nach Krems zu fahren.

Auch beim Trompetenspielen hat Max neue Ziele. Mit seinem vierköpfigen Ensemble hat er beim nationalen Wettbewerb „prima la musica" den zweiten Platz gemacht und den Landesbewerb gewonnen. Trotz neuer gesundheitlicher Probleme beginnt Max wieder, im Ensemble zu üben. Außerdem möchte er gerne einmal den Jakobsweg nach Santiago di Compostella gehen. Was ihn da anzieht? „Das sehe ich erst, wenn ich dort bin", meint er ganz philosophisch.

Bist du einer, der gerne Grenzen austestet?

Ja, eigentlich schon. Nicht wirklich die ärgsten Grenzen. Es ist die Frage, was Grenzen sind. Die einen in unserer Schule finden Rauchen eine Grenze, für mich sind das aber sportliche und musikalische Ziele.

Das sind sehr solide Ziele. Fast brav.

Das sehe ich eigentlich gegenteilig. Zigarettenrauchen ist brav, denn da tut man, was der coole Zigarettenschlucker tut. Alle, die rauchen, sind nur Mitläufer, die versuchen, dazuzugehören. Radlfahren kann auch brav sein, aber nicht, wenn ich den Gmundnerberg mit einem 100er herunterbrenne.

Aber schon mit Sturzhelm!?

Sicher.

Hast du dich einmal krank gefühlt?

Nein, nicht wirklich. Eher sogar um ein Alzerl stärker. Man denkt sich von Tag zu Tag, man hat einen Tag überlebt. Wenn es jetzt wieder brenzlig werden kann, sage ich mir das wieder.

Du wirkst auf mich fast gelassen. Ist das, weil es nach der letzten Diagnose doch wieder eine Entwarnung gegeben hat?

Nein, ich war schon außer mir. Da hat es mich dann überhaupt nicht mehr interessiert. Dann bin ich doch wieder Rennradfahren gegangen. Ich habe gedacht, ich muss jetzt noch alles unterbringen, bevor ich wieder nichts machen kann.

Hattest du je das Gefühl, dein Leben könnte eine frühe Grenze haben?

Wenn man Krebs hat, denkt man über alles nach. Ich denke aber nicht, dass der Krebs mich umbringen kann, sonst wäre der Kampfgeist, den man braucht, weg.

Den Kampfgeist hast du?

Wenn ich denke, dass der Krebs mich umbringen könnte oder dass er mich sowieso umbringt, dann gehe ich nicht lebendig aus der Sache heraus. Ich muss sagen, servus, hab mich gerne. Mentale Kraft ist ziemlich entscheidend.

Was ist der Krebs, ein Gegner?

Ein psychischer Gegner. Medizinisch kann ich nichts dagegen tun. Ich kann nur für mich selbst etwas tun. Medizinisch ist er ein Gegner für den Arzt.

Hat dieser Gegner ein Gesicht, eine Gestalt, einen Namen?
Nein. Osama bin Laden oder so etwas, ein Terrorist?

Empfindest du ihn als Terroristen in deinem Körper?
Ja, der sich in alles einmischen möchte. Der alles durcheinander bringt.

Wie erklärst du ihm den Kampf?
Einfach, indem ich genauso weitermache wie immer. Dass ich ihm nicht das Gefühl gebe, er hätte eine Chance. Wenn ich mich einsperre in mein Zimmer, dann denke ich in der Zeit, was tu ich jetzt. Weglaufen kann ich nicht, verstecken kann ich mich auch nicht, denn er ist sowieso immer da. Medizinisch kann ich auch nichts machen, denn das macht der Arzt. Ich kann nur psychisch etwas tun. Deswegen versuche ich, mein Leben so gut wie möglich weiterzuführen. Ja, er ist da, ich muss ihn so behandeln, dass ich ihn nicht reize, sondern ihn machen lasse, und ich mache meine Sache. Dann lässt er mich auch in Ruhe.

Hast du überlegt, was wäre, wenn der Krebs so schlimm wird, dass du tatsächlich nicht weiterleben kannst?
Dann soll es so sein. Das klingt jetzt ziemlich katholisch, aber ich kann nichts dagegen machen. Wenn ich etwas dagegen machen könnte, würde ich es tun. Ich habe schon Angst vor dem Sterben, auch wenn ich weiß, dass es nicht weh tut.

Hast Du Dich damit schon beschäftigt?
Sicher. Aber ich will noch Sachen erleben, die ein Pubertierender gerne erleben möchte.

Wo reagierst du dich ab? Da ist man ein junger, begabter, kräftiger Mann, und dann hat man den blöden Krebs.
Es klingt komisch, aber entweder ich komponiere Lieder, wo ich das zum Ausdruck bringe, oder ich gehe Radfahren oder ich erzähle es jemandem.

Du komponierst?
Das sind nicht wirklich grandiose Kompositionen.

Du bist auch Ministrant. Hat der Glaube für dich eine Bedeutung?
Nicht wirklich. Ich habe jetzt Firmvorbereitung, weil ich gefirmt werde. Aber ich verlange dem nichts ab. Ich denke mir schon, warum ausgerechnet ich? Ich bin eh nicht drauf aus, dass ich so bin wie die anderen, aber ich möchte doch halbwegs normal sein.

Verstehe ich dich richtig, dass du mit Gott haderst?
Ja, genau. Wenn es Gott gibt, warum tut er mir das an? Warum tut er das nicht denen an, die sich mit 14 schon jeden Tag zwei Packerl Tschick hineinziehen?

Ist gesund werden für dich ein Ziel?
Sicher. Eines der ungeschriebenen Ziele, aber eines der größten. Das stelle ich mir immer vor. Ich kann nichts tun, damit ich gesund werde. Mein Ding ist, dass ich mit dem Rad fahre oder Trompete übe und ein Konzert spiele.

Du tust, was du konkret tun kannst.
Genau.

Bist Du selbst darauf gekommen?
Ja, sicher, woher sonst?

Was hast Du für ein Bild von der Zukunft?
Gesund sein, Trompete spielen, Rad fahren, und vielleicht dann noch irgendwas anders dazu.

Könnte vielleicht eine Freundin sein?
Ja, so in die Richtung.

5
Seven years, seven Tour victories - each one of them was
through my mind as I posed, one last time, on the
Elysees in 2005. It's all over now, but I've loved each and
moment of those seven years.

Überleben heißt, in Bewegung bleiben

Marlene Rechenmacher, 36, ist Mutter von sieben Kindern. Sie ist in ihrem Leben schon oft dem Tod begegnet, auch dem von Kindern.

Ordentlich, logisch, systematisch – im Haushalt der Familie Rechenmacher wird mit sehr viel Effizienz gearbeitet. Marlene Rechenmacher, die Mutter der siebenköpfigen Kinderschar, vermittelt den Eindruck, alles im Griff und daneben noch ausreichend Zeit für ein langes Gespräch zu haben. Sie lacht und wirkt dynamisch. Man merkt ihr nicht an, dass sie schon oft bis zur Grenze des Todes gestoßen wurde.

Sie haben in jungen Jahren schon erfahren, dass das Leben sehr bedroht ist.

Ja, schon mit 15 Jahren hatte ich Guillain-Barré polyradiculitis, das ist eine Entzündung der Nervenwurzelenden im Rückenmark, und das Guillain-Barré-Syndrom ist eine Vergiftung des Liquors, was Veränderungen des Rückenmarks und der Gehirnsubstanzen hervorruft. Der Krankheitsverlauf wird in zehn Stufen eingeteilt. Damals gab es zwei solcher Fälle in Österreich. Zuerst glaubte man, es handle sich um eine psychische Erkrankung. Es begann so, dass ich immer wieder umfiel und Lähmungserscheinungen hatte. Innerhalb einer Woche war ich bis herauf zum Brustkorb gelähmt. Erst ein Arzt in Linz sagte mir dann, dass ich keine psychische, sondern eine physische Erkrankung hatte. Damals war das ein wahnsinniger Kampf für mich. Ich war von meinen Eltern sehr verlassen.

Sind Sie das einzige Kind?

Ja, aus dieser Ehe schon. Mein Vater war dreißig Jahre älter als meine Mutter. Ich habe mich später intensiv damit auseinandergesetzt, weil ich verstehen wollte, was mich in meinem Elternhaus so belastet hat und nicht Kind sein ließ. Das war keine Mann-Frau-Beziehung, sondern eine Vater-Tochter-Beziehung, und ich war darin ein Störfaktor. Dann wird der Störfaktor auch noch krank und belastend. Damals war ich sehr einsam. Das war der erste Schritt durch die Hölle. Durch die Hölle deshalb, weil man es als Kind nicht versteht, warum man auf der Welt ist, wenn sich dann keiner um einen schert.

Marlene verbringt ein halbes Jahr im Krankenhaus, macht ihre Schule weiter, liest viel, blättert die Seiten der Bücher mithilfe eines Stabes um, den sie mit dem Mund führt. Sie kann sich nicht bewegen. Sie wird als Patientin mit wenig Aussicht auf Besserung entlassen.

War Ihnen damals bekannt, dass die Prognose so schlecht ist?
Ja.

Gab es einen Punkt, wo Sie gedacht haben, es zahlt sich eh nicht mehr aus?
Vielleicht schon, aber nicht so negativ gesehen. Ich hatte damals auf der Quarantänestation ein eindrückliches Erlebnis. Die Station war in Kojen unterteilt. In der Koje nebenan lag ein kleines Mädchen, das war auch unheilbar krank, und ihre Eltern sind in der Nacht fortgegangen. Ich weiß, es war eines der ersten Male, dass ich im Rollstuhl heraußen gesessen bin. Sonst bin ich nur gelegen. Ich saß im Rollstuhl, konnte die Hände kaum bewegen und war angeschnallt, damit ich nicht nach vorne falle. Ich habe gemerkt, dass das Mädchen recht unruhig ist, und bin dann mit dem Rollstuhl zu ihr gefahren. Sie lag da und ihr liefen die Tränen hinunter. Sie sagte, sie habe das Gefühl, sie schaffe es nicht mehr. Ihr gehe es nicht gut. Und wenn sie jetzt von da wegkomme, möchte sie gerne wissen, wohin sie kommt. Ich weiß bis heute nicht, wie ich es gemacht habe. Ich konnte die Hände ja nicht rühren, aber ich habe das Mädchen aus dem Bett gezogen, habe sie zu mir auf den Rollstuhl gesetzt und bin zum Fenster gefahren. Ich sagte zu ihr, sie brauche keine Angst zu haben, wenn sie nicht mehr da ist, denn dann sei sie ein Stern am Himmel. Das war für sie so eine Perspektive, dass sie wusste, wo sie ist und dass sie auch bei ihren Eltern ist, dass sie dann in meinen Armen gestorben ist. Sie ist ganz ruhig bei mir eingeschlafen. Sie ist dann lange bei mir gewesen, weil ich mir nicht mehr helfen konnte. Ich habe gespürt, wie sie kalt wurde. Dann dachte ich mir, wenn du die Perspektive hast, dass du ein Stern am Himmel bist, und so ruhig einschläfst, dann passt das. Das war für mich ein so tiefes Erlebnis, dass ich für mich selbst auch keine Angst mehr hatte und es keine Belastung mehr war, dass ich so krank war. Ich dachte mir, entweder ich bleibe da und kann mit meinem Leben da etwas bewirken oder ich bin ein Stern neben ihr.

Das ist für eine 15-Jährige ein intensives Erlebnis.
Ja, schon. Aber es ist anders, ob man dem als Kranke begegnet oder als Gesunde. Ich hatte mich vorher schon mit verschiedenen Todesformen beschäftigt. Ich habe über das Leben nach dem Tod gelesen. Das hat mich schon interessiert. Es war daher für mich kein Schock. Es ist anders, wenn Kinder sterben, als wenn Erwachsene sterben. Wenn man Kinder beobachtet, weiß man, sie haben eine Ahnung von einem Leben vor und nach der Geburt. Für ein Kind gibt es nicht das absolute Aus. Das Bewusstsein dafür bekommt man erst als Erwachsener. Kinder haben eine ganz andere Ruhe und Vertrautheit angesichts des Todes, vielleicht sogar oft – das habe ich auch beobachtet – eine kindliche Neugier, was kommt. Das nimmt die Angst. Ich bin dem Tod schon sehr oft begegnet, aber ich habe bisher noch kein Kind erlebt, das nicht angstlos gestorben ist. Kinder schlafen ein und lassen die Schwäche zu. Mein Satz ist: In jedem Ende liegt ein Anfang. Wenn man ruhig ist, kann das eine eigene Form von Entspannung bringen, die man sonst nie hat. Man spürt den Körper auf eine Art und Weise, wo nur mehr der existenzielle Wert, das Gefühl und der Gedanke, übrig bleiben. Wenn man das annimmt und keine Angst hat, kann das ein eigenwilliger, schöner Schwebezustand werden. Nur als Erwachsener hält man krampfhaft an Verantwortungen fest, die man noch hat, an dem, was man noch tun will. Dadurch entsteht Angst und man kommt in eine Spirale, die Panik erzeugt.

Zuversicht sollte Marlene Rechenmacher in ihrem weiteren Leben noch oft brauchen. Durch eigenes Training mobilisiert sich das damals junge Mädchen wieder und wird gesund. Womöglich entfaltet sie gerade wegen dieser Erfahrungen einen beinahe unheimlichen Durst auf Leben. Musikalisch und intellektuell hoch begabt, wählt sie aber statt der Matura die Ehe und gebiert in rascher Folge sieben lebende Kinder.

Sie waren sehr jung schwer krank, haben den Tod früh kennengelernt und haben dann sehr viel Leben geschenkt. Besteht da ein Zusammenhang?

Leben zu schenken ist ganz eng verbunden mit der Konfrontation mit dem Tod. Für mich war das immer so. Es gibt ein Beispiel, das mich sehr geprägt hat für meine weiteren Schwangerschaften. Unser erster Sohn, Jakob, war eine sehr schwere Entbindung. Nach 48 Stunden war er endlich da. Ich hatte ihn kaum im Arm und war sehr selig, auf einmal geht der Alarm los und dann hörte man, wie die Leute rennen. Als ich mich wieder gefangen hatte, sagte mir die Hebamme, in Jakobs Geburtsminute sei ein alter Mann im Zimmer nebenan gestorben. So wechseln sich Ankommen und Fortgehen ab. Das war für mich ein intensives Erlebnis.

Die folgenden Schwangerschaften führen Marlene Rechenmacher noch mehrere Male an diese Grenze heran. Die Zwillingsschwester ihres Zweitgeborenen stirbt bei der Geburt. Die nächste Tochter und der nächste Sohn erblicken problemlos das Licht der Welt. Bei der Entbindung des fünften Kindes erleidet Marlene Rechenmacher einen Riss der Aorta und verblutet fast. Es folgt eine weitere Zwillingsschwangerschaft. Die beiden Mädchen sterben aber im Mutterleib, sie hatten sich mit der Nabelschnur stranguliert. Die folgende Notentbindung verläuft traumatisch. Lange beschäftigt Marlene Rechenmacher danach, wohin die toten Kinder gebracht wurden. Und sie fragt sich, ob bei ihr etwas schiefläuft, ob sie nicht „Leben schenken" kann.

Sie hatten dann noch zwei Schwangerschaften. Wie erging es Ihnen da?

Bei der letzten Tochter, Gerlinde, starb wiederum die Zwillingsschwester. Die vor ihr geborene Margarethe war kein Problem. Da hatte ich das Gefühl, versöhnt zu sein. Das war eine schöne Entbindung. Dann bin ich kurz danach wieder schwanger geworden. Vier Wochen vor dem Entbindungstermin ging es mir plötzlich sehr schlecht. Ich hatte viel gearbeitet und das Gefühl, dass etwas nicht stimmt. Ich ging am Freitag ins Spital, und sie haben mich wieder heimgeschickt. Ich bin am Samstag wieder hinein, weil ich das Gefühl hatte, da stimmt etwas nicht, aber sie haben mich wieder heimgeschickt. Am Montag in der Früh bin ich wieder ins Spital, weil ich fühlte, da stimmt etwas nicht. Gott sei Dank war mein Frauenarzt da. Ich habe mich gerade noch hineingeschleppt. Er sah mich und meinte: „Da stimmt wirklich etwas nicht, wenn du kommst." Er ließ mich untersuchen und sagte: „Um Gottes Willen, die Kinder stehen knapp vor einem Schlaganfall. Wir brauchen sofort eine Notgeburt." Da sprach er noch davon, dass wir die Kinder erhalten müssen. Dann forderte er mich auf, an die andere Seite des Raumes zu kommen. Auf diesem Weg bin ich zusammengebrochen, hatte Atemstillstand und Herzstillstand. Als ich wieder zu mir kam, lag ich schon in einem Bett. Mein Arzt sagte: „Marlene, wir müssen einen Notkaiserschnitt machen." Ich antwortete: „Ja, macht, dass ihr so viel Leben erhalten könnt wie möglich." Dann war ich wieder weg, wieder Atem- und Herzstillstand. Ich kam in einem runden Raum wieder zu mir. Der Arzt kam herein, streichelte mich, ist hinaus, dann wieder herein, streichelte mich wieder, ist wieder hinaus. Er sagte mir später, das sei für ihn das erste Mal gewesen, dass er die Frage stellen musste: „Kind oder Mutter?" Er hat für mich entschieden. Sie stabilisierten mich und mein Arzt drängte: „Macht schneller, sonst ist die Marlene weg oder die Kinder sind weg." Ich dachte mir, ich kann nichts als ganz ruhig bleiben, ich kann nichts festhalten. Das Leben entscheidet für sich selbst. Dann haben sie den Kreuzstich gesetzt, aber so hoch, dass mir die Atmung eingeschlafen ist. Ich habe mir dann selbst einen Atemrhythmus gemacht: Erste Fliese, einatmen, rosa, zweite Fliese, ausatmen, grün, dritte Fliese einatmen, rosa. So habe ich geschaut, dass ich ganz regelmäßig atme. Ich dachte, das ist jetzt mein Beitrag. Ich habe versucht, das zu regulieren, obwohl es im Kreissaal ganz turbulent zugegangen ist. Zwei Kaiserschnitte waren nötig. Dann hat aber nichts geschrien. Ich dachte, vermutlich sind beide Kinder gestorben. Aber nach einer Zeit hörte ich einen kleinen Muckser, und dann sagte eine Turnusärztin: „Eines." Ich dachte noch, Gott sei Dank, eines lebt, dann ging die Kraft weg und ich hatte wieder Atem- und Herzstillstand. Sie haben dann gekämpft, dass ich dageblieben bin. Die Gerlinde hat es geschafft.

Wie ist aus Ihrer Erfahrung das Zusammenspiel von Körper und Seele?

Ich kenne das Gefühl, dass die Seele vom Körper komplett losgelöst ist. Es gibt drei Faktoren für mich, die Seele, den Körper und den Geist. Die Seele ist für mich das Intuitive. Du kannst den Körper nur wahrnehmen, wenn du bereit bist, für die Seele offen zu sein. Man kann aber auch nur die Seele wahrnehmen und den Körper links liegen lassen. Es ist eine persönliche Entscheidung, ob man das in Einklang bringen möchte. Ich bin überzeugt, dass es einen Punkt gibt, nach dem Tod, wo du das nicht mehr entscheiden kannst, an dem die Seele das Deine ist und bleibt. Man muss aber Körper und Seele nicht unbedingt in Einklang bringen. Wenn der Körper gesund ist, entscheidest du intuitiv, wie weit du die Komponenten in Einklang bringst. Wenn die Frequenzen sich überlagern, kann man sagen, man ist mit sich eins, man ist im Körper daheim. Aber wenn der Körper kaputt ist, musst du deiner Seele einen anderen Schutz geben, und das ist dann der Geist. Wenn der Geist auch weg ist, dann ist es für mich wichtig, dass die Mitmenschen der Seele so viel Respekt geben, dass sie wieder eine Form von Heimat hat.

Wurden Ihre verstorbenen Kinder genug betrauert?

Es gibt einen wunden Punkt: Sie wurden anonym beigelegt, das heißt bei einem erwachsenen Verstorbenen in dessen Sarg, und sie sind nicht getauft. Es hat schon eine Zeit lang wehgetan, nicht zu wissen, wo ich hingehen soll, um sie zu betrauern. Aber davon muss ich mich lösen. Ich kann sehr schwer damit umgehen, auf den Friedhof zu gehen und dort eine Kerze hinzustellen, denn dort ist der Mensch nicht.

Hat der Friedhof eine Bedeutung für Sie?

Nein, überhaupt nicht. Ich bin überzeugt, dass es ein Leben nach dem Tod gibt. Das ist für mich nur eine veränderte Lebensform. In dem Sinn, dass ich trotzdem da bin, nur in einer anderen Bewusstseinsform, in einem anderen Sichspüren. Ich habe auch Nahtod-Erfahrungen gemacht.

Was haben Sie in Nahtod-Erfahrungen erlebt?

In Phasen der Bewusstlosigkeit sind Menschen zu mir gekommen und ich habe gewusst, es geht um die Entscheidung, ob sie mich mitnehmen oder nicht.

Das waren Menschen, die Sie gekannt haben?

Ja, ganz nahe stehende. Bei der Schwangerschaft zu den Zwillingen wurde ich eines Tages in der Früh schweißgebadet wach, denn ich hatte folgenden Traum: Ich sitze beim Tisch und plötzlich kommt mein verstorbener, von mir sehr geliebter Großvater herein, schön frisiert, mit seinen weißen Haaren, und hat einen Arbeitsmantel an und trägt unter dem Arm zwei Kohlensäcke. Meine Mutter ist auch im Raum gestanden. Sie hat zum Großvater gesagt: „Was machst denn du da? Du bist doch gestorben!" Er ist schnurstracks auf mich zugegangen. Ich bin ganz ruhig dagesessen. Er hat den Arm um mich gelegt und gesagt: „Es tut mir sehr, sehr leid, aber ich muss wen holen." Ich habe das damals nicht verstanden. Ich war sehr aufgebracht. Drei Tage später habe ich gespürt, dass mit den Kindern etwas nicht stimmt. Dann war die Notgeburt. Nach zwei Wochen habe ich den Traum erst verstanden. Es waren zwei Kohlensäcke, es war der Zeitpunkt, zu dem die

Kinder gestorben sind. Der im Nachhinein berechnete Todeszeitpunkt hat genau dazu gepasst.

Sind bei Ihren Nahtod-Erfahrungen auch Leute gekommen und wollten Sie selbst mitnehmen?

Da bildet sich ein ganz eigener Dialog, ein Dialog ohne Worte. Ich habe gewusst, sie möchten mich holen. Sie waren sehr nahe, so, dass sie mich hätten schnappen können. Aber sie haben mich lange angeschaut, dann sind sie traurig geworden und zurückgewichen. So auf die Art: Die hat noch viel zu machen da. Auf ihrer Seite war Enttäuschung, dass ich noch nicht mitgehen kann. Es ist wirklich nicht schön, wieder zurückzukommen. Das ist eine ganz eigene Schwere. Zuvor ist man in einem Schwebezustand. Bevor man bewusstlos ist, wird man eiskalt, aber trotzdem kommt man in eine ganz eigene Wärme, in ein ganz eigenes Farbenbild. Es kommt eine ganz weiche Art von Musik, aber keine Musik, wie wir sie kennen, sondern etwas ganz anderes. Vielleicht sind es nur die Blutströme, die man hört, weil man sich so in sich zurückzieht. Es ist einfach eine Melodie, ein Farbenklang, und du wirst extrem leicht. Wenn du zurückkommst, kommst du in eine ganz eigene Schwere zurück. Du musst, wenn du zurückkommst, wenn dir das bewusst wird, dass du wieder da bist, dich in dieser Minute neu darauf ausrichten: „Das nehme ich an und da mache ich wieder weiter, denn ich habe diesen Weg wieder bekommen."

In diesem Schwebezustand sind Zeit und Raum ganz aufgehoben?

Ja, total. Wenn du zurückkommst, ist das wie eine Schwere. Dabei haben alle eine Freude, dass du wieder da bist. Aber ich verstehe Menschen, die traurig darüber sind, dass sie nicht gehen durften.

Was heißt für Sie zu überleben?

Überleben heißt für mich, in lebendiger Bewegung zu bleiben, dass ich weitergehe, nicht mit Scheuklappen, sondern mit Offenheit den Aufgaben gegenüber, und dass ich alles an mich heranlasse. Ich bleibe einfach offen für alle Wege.

Zusammen haben wir alles gesehen

Cornelia und Josef Ruprechtsberger sind seit 65 Jahren verheiratet. „Pepi" Ruprechtsberger ist 88 und kriegsblind, seine Frau „Nelli" vier Jahre jünger.

Es waren nur wenige Tage, an denen Pepi Ruprechtsberger seine Frau wirklich gesehen hat. Ihre Liebesgeschichte hat einen Hauch von Romantik. Bei einem Kameraden sieht der oberösterreichische Soldat Josef Ruprechtsberger im Einsatz an der russischen Front ein Bild der jungen Wienerin Cornelia. Die beiden beginnen eine Korrespondenz. Er, weil ihm die junge Frau gefällt und weil Wien für ihn so verheißungsvoll klingt, sie, weil die Unterstützung der Soldaten an der Front durch Briefe fast etwas von einer Selbstverständlichkeit hat. Aber schon bei der ersten Begegnung von Angesicht zu Angesicht zeigt sich tiefere Sympathie. „Recht blond war er", erinnert sich Cornelia. Theoretisch begeisterte sie sich bis dahin eher für schwarzhaarige Männer. Sie heiraten bei nächster Gelegenheit. Und dann kommt Josef als Versehrter aus dem Krieg heim, mit schweren Kopfverletzungen und blind. „Das war mir überhaupt nie ein Problem", sagt Nelli. Und man glaubt es ihr.

Wie lang war die Zeitspanne, in der Sie Ihre Frau mit eigenen Augen gesehen haben?

Pepi: Das waren die drei Tage beim ersten Aufenthalt, dann im Februar 44, im Verlobungsurlaub, und im August 44, da hatten wir den Hochzeitsurlaub. Also waren es fünf Wochen, wo ich sie gesehen habe. Und ich hatte mir die Fotos, die sie mir geschickt hat, sehr gut eingeprägt. Aber ich habe, Gott sei Dank, ein fotografisches Gedächtnis.

Sie haben im Kopf diese Bilder, wo Ihre Frau noch sehr jung ist. Aber Sie haben sie im Laufe Ihres Lebens auch mit den anderen Sinnen kennengelernt.

Pepi: Auch am Luftzug erkenne ich etwas, mit den Händen usw. Ohne dieses Erotische im guten Sinn, dieses Über-die-Haare- oder Über-die-Wange-Streichen, ohne diese Gefühlswelt wäre das Leben leer. Das andere ist, ein Bild in die Erinnerung zu rufen. Ich weiß, dass sie leicht schräg gestellte Augen hat. Dass ich die ganze Figur kenne, ist klar. Das Gefühl ist so, wie ich meine Frau vom Angreifen, vom Körper her kenne. Das andere ist das Optische. Das sind zwei Ebenen, die miteinander nichts zu tun haben.

Stört es Sie, dass Ihr optisches Bild Ihrer Frau nicht mehr aktuell ist?

Pepi: Nein, im Gegenteil. Das hat den Vorteil, dass ich nicht sehe, wie sie langsam alt wird. (Er lacht.) Wenn ich an die Nelli denke, dann sehe ich sie vom Foto her

M.HOHNER
MADE IN GERMANY

als ganz junge Frau. Ich hatte eben das Glück, dass ich mir diese Bilder eingeprägt habe.

Wie ist der Entschluss gefallen schon nach kurzer Bekanntschaft, zu heiraten?

Pepi: Es mag für Sie wie ein Wunder sein, aber als ich nach den drei Tagen des ersten Kennenlernens nach Russland zurück bin, war, obwohl ich vorher nie ans Heiraten gedacht hatte, in mir die Gewissheit: das wird meine Frau. Und wir haben auch kurz darauf Briefe geschrieben und ich habe ihr mitgeteilt, dass ich das als ernste Bindung betrachten möchte. Sie hat mir geschrieben: „Ich habe mein Herz gefragt und das hat ja gesagt." Das klingt ein bisschen kitschig. Vielleicht können das die Menschen in der heutigen Zeit gar nicht mehr so empfinden.

Das ist doch schön, wenn sich zwei Menschen so im Gleichklang finden. Haben Sie eine Erklärung für diese wundersame Fügung?

Pepi: Schon in den ersten drei Tagen hat keiner sagen können, warum, aber wir haben gespürt, dass wir zusammengehören.

Dieses erste tiefe Empfinden füreinander hat bisher schon 63 Jahre angehalten?

Pepi: Ja. Meine Enkelin hat mich darauf aufmerksam gemacht: „Du, Opa, du nimmst das heute so selbstverständlich. Vergiss doch nicht, deine Frau hat einen Sehenden geheiratet, und heimgekommen bist du als Nichtsehender. Du weißt doch selbst, wie viele Frauen dann ihren Männern nicht mehr die Stange gehalten haben." Die Erblindung war für mich nicht so spürbar. Das hat das Gefühl, mit der Nelli jetzt endgültig beisammen zu sein, nicht gestört. Dadurch sind die Probleme die ersten Jahre zweitrangig, wo ich den doch etwas harten Lernprozess mit der Blindenschrift machen musste und mit allem, was ich zu bewältigen hatte. Das Entscheidende war immer die Bindung zu meiner Frau.

Hatten Sie keine Angst, dass Ihre Frau Sie nicht mehr mögen würde, als Sie mit der schweren Verwundung zurückgekommen sind?

Pepi: Da hatte ich nicht einmal den Gedanken. Ich habe gewusst, sie gehört zu mir. Als ich im Lazarettzug durch Deutschland fuhr, bekam ich Morphium, weil der Kopf doch ziemlich demoliert war. Ich habe jetzt noch 30 Splitter im Gesicht. Als ich in meinen Heimatort Ried kam, war meine Frau nicht da. Wien und Niederösterreich waren russische Zone. Mit ein paar ehemaligen KZlern, die nach Wien wollten, ging ich dann mit. Wir gingen im Regen zu Fuß bis Amstetten. Dann gab es einen provisorischen Bahnverkehr nach Wien und irgendwer hat mich dann zu ihrer Großmutter in den dritten Bezirk mitgenommen, wo Nelli nicht weit zu ihrem Arbeitsplatz auf der Postsparkasse hatte. Damit waren wir wieder beisammen. Die ganzen Jahrzehnte danach war alles gemeinsam. Ich machte diese Arbeit im Blindenverband. Wenn ich zum Zug musste, ging sie mit. Später haben wir hier das Eigenheim gebaut. Damals gab es noch keine Bagger. Da bin ich ein dreiviertel Jahr mit dem Lehm in der Schubkarre gefahren. Es war im ganzen Leben immer so, als ob wir eine Person wären. Damit ist nicht gesagt, dass wir nicht manchmal verschiedener Meinung waren. Aber es ist nicht so, dass einer immer recht hat. Ich habe gelernt, dass die Nelli manchmal nicht sagen konnte, warum, aber dass sie merkte, etwas gefällt ihr nicht. Ich habe nachgegeben, weil ich gemerkt habe, dass Frauen manches intuitiv im Gespür haben. Deswegen ist die Ergänzung von Frau und Mann so wichtig. Die Harmonie entsteht nur dann, wenn man sich immer vorstellt, wie könnte das auf den anderen wirken. Dann kommt man schnell auf den richtigen Nenner.

Pepi und Nelli betreiben nach dem Krieg in Ried gemeinsam eine Trafik. 1946 kommt der gemeinsame Sohn zur Welt. Pepi führt sein Leben so normal wie möglich, richtet sich im Keller des Hauses eine beachtliche Werkstatt ein, in der er auch heute noch fast täglich etwas macht. Sogar die Kreissäge hat er so gesichert, dass er sie selbstständig bedienen kann. Pepi lernt Brailleschrift, spielt Gitarre und hört Musik. Im Wohnzimmer der Ruprechtsbergers herrscht eine geradezu vorbildliche Ordnung. Für Pepi eine notwendige Ordnung, denn nur so hat er die Chance, Dinge auf Anhieb zu finden. Pepi und Nelli waren aber nie Stubenhocker.

Sie haben miteinander Reisen unternommen, sind viel unterwegs gewesen.

Nelli: Wir waren das erste Mal auf Urlaub ...
Pepi: ... nach 18 Jahren,
Nelli: ... nach 18 Jahren, ja, da hatten wir das Geschäft und der Vater war noch so rüstig, dass er uns das Geschäft gemacht hat. Da waren wir auf der Schönleitenhütte in Saalbach. Das war unser erster Urlaub, das war herrlich. Dann bin ich jedes Jahr Skifahren gewesen. Da habe ich für meinen Mann vorgekocht, und meine Nachbarin hat immer wieder geschaut, ob er etwas braucht. So ist das wunderbar gegangen. Und als unser Sohn noch klein war, bin ich mit ihm einmal im Jahr nach Wien, in meine alte Heimat, gefahren. Wien fehlt mir bis heute.

Sie besuchen auch gemeinsam Ausstellungen. Wie funktioniert das?

Pepi: Das kommt auf die Art der Ausstellung an.
Nelli: Bei dem Modernen tu ich mir sehr schwer, weil ich nicht weiß, was ich ihm sagen soll. Ich sage nur, die Farben gefallen mir, das harmoniert. Aber sonst kann man ja nichts sagen.
Pepi: In der Secession waren Collagen, und weil es mittags sehr ruhig war, hat der Saaldiener gesagt, ich dürfe das angreifen. Das hat mir trotzdem nichts gegeben. Ausgenommen eine bildhafte Darstellung wie ein Engelskopf, das geht dann schon.

Gehen Sie in alle Museen?

Nelli: In alle. Liechtensteinmuseum oder Albertina, da sind schöne Ausstellungen.

Wie ist das? Sie gehen rein, haben Ihren Mann am Arm?

Nelli: Dann gehen wir die Säle durch, meistens habe ich ein Büchlein, wo alles drinnen steht, und das lese ich ihm vor.

Sie beschreiben ihm, was zu sehen ist?

Nelli: Ja.
Pepi: Und dann kommen meine Fragen dazu, wenn ich etwas näher wissen will. Denn die Sicht des Sehenden und meine Welt, das sind zwei Paar Schuhe. Mir ist von früher das Gemälde von Defregger, „Das letzte Aufgebot“, noch in Erinnerung. Ich habe Malerei nicht gelernt, und wenn mir jemand das künstlerisch erklären würde, hilft mir das gar nicht, weil man die Fachausdrücke nicht kennt. Die letzte Nuance eines Werkes lässt sich ohnehin nicht vermitteln. Damit muss man sich abfinden.

Sie haben trotzdem das Gefühl, dass Sie die Welt wahrnehmen?

Nelli: Gott sei Dank, dass er einmal sehen konnte.
Pepi: Ich kenne von früher her die Perspektiven und die Farben. Wenn ich heute Theodor Storm lese, oder Naturschilderungen, so lebt das für mich. Ich habe mich einmal mit einem Mann unterhalten, der geburtsblind ist. Er hat mir gegenüber den Vorteil, dass er den viel feineren Tastsinn hat. Aber die Vorstellung von Farben ist bei mir besser.

Ist es für Sie selbstverständlich, beim Schauen auch zu reden?

Nelli: Ja.
Pepi: Ich versuche, Ihnen das zu verständlich zu machen. In Kärnten sind wir in den vergangenen 30 Jahren oft in den Nockbergen gewandert. Wenn die Nelli sagt: „Da sind die Gebirgsketten“, dann frage ich: „Was ist links? Was ist das für ein Wald? Ist es ein Laubwald, ein Mischwald, ein Nadelwald? Ist das Gebirge hoch oder nicht?“ Wenn man etwas wissen will, muss man das mit Fragen herausbekommen.

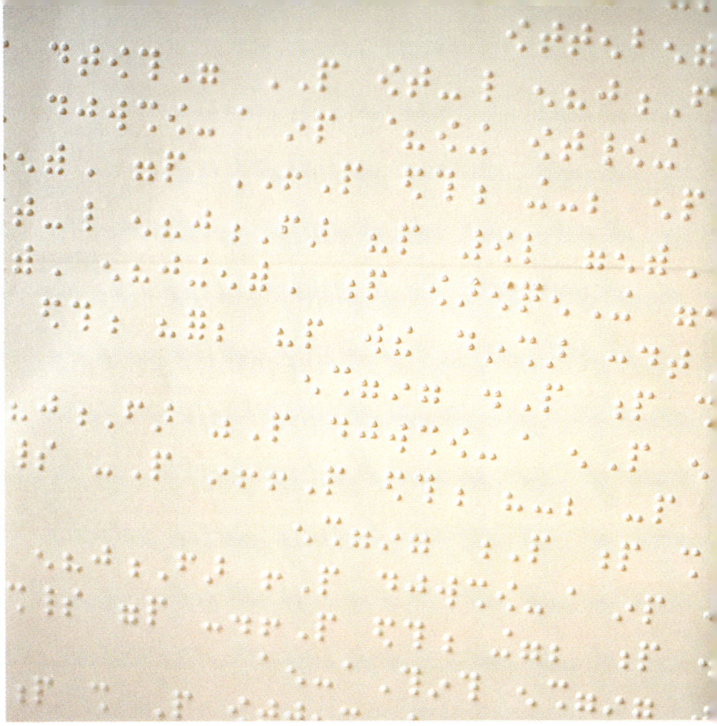

Sie sind ein guter Frager geworden?

Pepi: Zwangsläufig ...

Nelli: ... und Zuhörer auch.

Pepi: Die Nelli hat immer gesagt, ich hätte ein Pfarrer werden sollen.

Nelli: Ja, also im Geschäft, was sie ihm da alles erzählt haben!

Pepi: Die haben mir nicht in die Augen schauen brauchen. Wenn sie daheim einen Kummer gehabt haben, habe ich einfach zugehört. Sie spüren dann durch eine kleine Bemerkung, ob man mitgeht. Wenn man sich jahrelang kennt, entsteht auch eine gewisse Vertrautheit mit den Kunden. Nicht mit allen, aber mit einzelnen.

Das Nachfragen hilft vielleicht auch, selbst genauer zu schauen?

Nelli: Wenn jemand nachfragt, muss man es erklären. Wenn man alleine geht, braucht man niemandem etwas zu erklären. Da kann ich nur sagen, es gefällt mir oder nicht.

Pepi: Aber mir ist es schon passiert in Wien, dass meine zwei Schwägerinnen und meine Göttliche die Mariahilfer Straße hinein sind, angefangen vom Westbahnhof bis zur Ringstraße, ah, oh, da, schau, Auslagenbummel, und wenn ich nicht manchmal am Geruch mitbekommen hätte, das ist ein Schuhgeschäft oder das ist eine Parfümerie, wäre für mich eine Auslage wie die andere gewesen.

Nelli und Pepi halten sich bis heute sehr fit. Jeden Morgen machen sie Gymnastik miteinander. „30 Kniebeugen, 40 Liegestütz", zählt Pepi sein Pensum auf. Materieller Besitz war für beide nie so wichtig wie gemeinsame geistige Interessen. Viele Jahre engagierte sich Pepi im Kriegsblindenverband. Gelegentlich besuchen sie ihren Sohn in Wien, und auch die Enkelin bringt willkommene Abwechslung ins Leben.

Wie ist das mit Ihrem Sohn? Er kam zur Welt, als Sie nicht mehr gesehen haben.

Pepi: Nein, ich habe ihn nie gesehen.

Haben Sie eine Vorstellung von ihm?

Pepi: Überhaupt nicht. Ich weiß, dass er einen Bart hat. Ich erkenne ihn an seiner Stimme. Ich weiß im Laufe der Jahrzehnte, wie er auf diese und jene Sachen stimmungsmäßig reagiert. Ich weiß, dass ich mich mit ihm über alles unterhalten kann, aber sonst ist er ein leeres Blatt.

Kann es sein, dass man sich manchmal ausgeschlossen fühlt, wenn alle anderen sehen? Hat man Angst, dass man etwas nicht mitbekommt?

Pepi: Diese Dinge im Kleinen gehören zu den menschlichen Schwächen. In diesem Sinn bin ich nicht neugierig. Wenn es etwas ist, das ich brauche, werden sie es mir sagen, und wenn nicht, dann sollen sie tratschen miteinander. Ich bin kein misstrauischer Mensch.
Ich bin eher ausgeglichen. Wenn es manchmal etwas knistert und man spürt, es wird über einen geredet, mein Gott, sollen sie es halt tun, ändern kann ich es eh nicht.

Wenn man mit einem blinden Menschen verheiratet ist, nimmt das schon einen großen Raum ein im Leben.

Nelli: Freilich. Nur wächst man da so rein, dass man oft gar nicht mehr daran denkt und ihn überfordert.

Sie sind beide noch unglaublich vital.

Pepi: Das macht der Kaffee. (Er lacht.)
Nelli: Nein, das ist er auch so.
Pepi: Ich habe im Radio einmal eine sehr nette Sache gehört. Bei einem Ehepaar reicht auf Dauer nicht nur das Bewusstsein, du magst mich, es muss auch einmal eine kleine Liebkosung, ein nettes Wort, eine nette Geste dazukommen. Man muss selbst Kleinigkeiten beitragen, dass dieses Beisammensein lebendig bleibt.

Was machen Sie da Ihrer Frau gegenüber?

Pepi: Na, Blumen bringe ich ihr nicht. Ich habe ihr manchmal angeboten, nehmen wir welche mit, da sagt sie: „Wir haben eh welche im Garten." Aber man kann im Vorbeigehen einmal über das Haar streichen oder einen Kuss geben.

Humor gehört auch Humor dazu?

Nelli: Sicher.
Pepi: Es geht doch bei der schönsten Leiche keiner mit.

Ich glaube, die Damen sind zu Ihnen in die Trafik auch gekommen, weil es lustig war.

Nelli: Ja, ja, die intimsten Sachen haben sie ihm erzählt.
Pepi: Ich hatte das Glück, dass es mit meiner Frau gleich geklappt hat, dass mir Enttäuschungen erspart geblieben sind. Die Schwere des Krieges, lernen, die Angst zu überwinden, das war alles eine Schulung für einen problemlosen Übergang nach der Erblindung. Es war eine große Hilfe, dass ich gleich zu meiner Frau zurückkonnte.

Welch glücklicher Zufall, dass Ihnen der Kamerad das Foto gezeigt hat!

Pepi: Auch der Zufall ist so etwas wie Bestimmung.

EVEREST
THEODOR STORM
Umwelt Stadt
Francisco de Goya
Der Fenstergucker
StadtChronik WIEN
Das Kunsthistorische Museum
KRIMINALCHRONIK
KÄRNTEN
ÖSTERREICH

Ich bin durch die Nacht gegangen

Alois Saurugg, 72, Priester und Psychotherapeut, war an der unheilbaren Erbkrankheit Morbus Bechterew erkrankt und ist geheilt.

Alois Saurugg kommt mir im Hof seines Mühlviertler Hauses entgegen. Warme Augen und ein freundlicher Blick, ein agiler älterer Mann. Schwer vorstellbar, dass er um sein 40. Lebensjahr fast erblindet und stocksteif war. Morbus Bechterew hatte ihn fest im Griff. Die Krankheit, die in Schüben kommt und in der Wirbelsäule entzündliche Prozesse auslöst, war bereits weit fortgeschritten. „Pater Kontakt", wie er von vielen damals genannt wurde, war als Priester und Betriebsseelsorger unglaublich aktiv. Er gründete den Verein für Soforthilfe und den damit verbundenen Notruf und übersah dabei offensichtlich, dass er auch selbst bedürftig war. „In der Übernahme von Verantwortung für andere war ich ein Profi", sagt er heute. Er stellte aber keine Verbindung her zwischen seiner Krankheit und seiner Art zu leben. Morbus Bechterew galt in seiner Familie als Erbkrankheit, und ein voller Terminkalender schützte ihn, einmal intensiver zu überlegen, wie es ihm selbst ging. Bis zu einer fast schicksalhaften Begegnung mit der amerikanischen Therapeutin und Mitbegründerin der Systemischen Familientherapie, Virginia Satir. „Dass ich zu Virginia gekommen bin, war sicher für mein ganzes Leben prägend."

Bei welcher Gelegenheit haben Sie Virginia Satir kennengelernt?

Ich habe in München ein Seminar von Virginia Satir besucht. Da hat sie mir diese Frage gestellt, die mein ganzes Leben verändert hat. Zuerst hat sie mir nämlich auf den Kopf zugesagt: „Alois, du bist ja todkrank." Damals war ich wirklich schon am Ende, habe nur schwarze Brillen getragen und konnte nichts Helles mehr aushalten. Da sagte sie zu mir: „Du bist ja todkrank. Was hat das mit dir zu tun, mit deinem Leben und deiner Familiengeschichte?" Und ich habe spontan geantwortet: „Na ja, das hat nichts mit mir zu tun, das ist eine Erbkrankheit." Mein Bruder hatte ebenfalls Morbus Bechterew und ist an den Folgen der Krankheit gestorben. Sie ist darauf nicht eingegangen, hat nur diesen einen Satz wiederholt: „Was hat das mit dir zu tun, deinem Leben und deiner Familiengeschichte?" Dann bin ich auf die Suche gegangen. Das sind diese berühmten Fragen, um die man sich nicht drücken kann: Was ist die Botschaft meiner Krankheit?

Wie haben Sie im Moment reagiert?

Mich hat das betroffen gemacht. Mir hatte diese Frage noch nie jemand gestellt. Dann ist mir immer klarer

geworden, ich muss fragen, was mich die Krankheit lehren will. Ich habe begonnen, dem systematisch nachzugehen. In einer Therapie habe ich Schritt für Schritt gefragt, wann genau die Krankheit ausgebrochen ist, was mir die Krankheit gebracht hat. Heute kann ich sagen, was sie mir gebracht hat, um welche Botschaft es geht. Um dann wiederum zu wissen, dazu brauche ich keine Krankheit, dazu gibt es Alternativen. Bei ernsthaften Krankheiten geht es immer um Lebensentscheidungen. Ich habe durch die Therapie meine Lebensentscheidung getroffen, und ich wusste eindeutig, was für mich wichtig ist: Priester zu bleiben, mich nicht laisieren zu lassen. Ich bin in meiner tiefsten Identität Priester. Priester ist für mich, wer selbst und mit anderen unterwegs ist auf der Suche nach seiner eigenen Identität und seinem Urgrund.

Worin lag nun der Konflikt für Sie?

Der nächste Konflikt war die Entscheidung, Familie zu leben. Zu sagen: „Die Irmgard ist meine Lebenspartnerin und ich will diese Beziehung öffentlich leben." Ich bin aus der Betriebsseelsorge weggegangen und habe entschieden, für Österreich Familientherapeuten auszubilden. Diese Lebensentscheidung war der Wendepunkt.

Wie nähert man sich dem, was die Krankheit mit der Familiengeschichte zu tun hat?

Ich glaube, dass man sehr viel erfährt, wenn man fragt, was sich durch die Krankheit verändert hat. Im Nachhinein ist mir bewusst geworden, dass ich durch die Krankheit einen wesentlichen Grundwert meines Lebens entdeckt habe. Dieser heißt Freiheit. Aber trotzdem bin ich in einen Orden eingetreten, weil ein Priester, der mir ganz wichtig ist, mir das Studium überhaupt erst ermöglicht hat. Wir waren daheim arm. Ich hätte nie Theologie studieren können, wenn nicht der Priester gekommen wäre und gesagt hätte: „Ich übernehme die ganze Verantwortung für die finanziellen Fragen." Er hat mein Studium finanziert, aber er wollte eine Gegengabe: „Dafür trittst du in den Orden ein." Doch das war völlig gegen meine innere Einstellung. Ich bin ein äußerst freiheitsliebender Mensch, und ein Orden ist völlig konträr dazu. Zu dieser Zeit war ich noch streng religiös, wie ich es in meiner Familie erfahren habe.

Streng im Sinne von Einhalten aller Regeln, die es da gibt?

Ja, genau. Ich habe lange nicht gewusst, warum ich in den Orden eingetreten bin. Und ich war in meinem Jahrgang der einzige, der schon ein halbes Jahr im Noviziat war und nicht wusste, ob er nicht wieder gehen soll. Die Tragik ist, dass in dem Monat, als ich mich entschieden habe zu bleiben, die Krankheit ausbrach. Inzwischen schaue ich immer, wenn jemand Bechterew hat, welche Entscheidung da gegen jemanden gefallen ist.

Was meinen Sie mit gegen jemanden?

Gegen sich selbst. Ich habe eine Entscheidung getroffen, die sich gegen mich gerichtet hat. In meiner Suche nach dem Grund der Krankheit haben mir Zufälle geholfen, die keine Zufälle sind. Ich habe an einer Therapie teilgenommen in dem Bildungshaus, wo dieser Priester gelebt hatte und beerdigt worden ist. Dort fiel mir plötzlich ein Brief dieses Priesters ein. Es war wie der letzte Stein eines Gewölbes, der alles zusammenhält. Er hatte mir einen Brief geschrieben, und zuvor schon an meine Mutter, mit dem Auftrag, ich solle in den Orden eintreten. Und: „Wenn du nicht in den Orden eintrittst, sage ich dir voraus, wirst du auch kein Priester werden." Das hat mich sehr betroffen gemacht. Dann hat er noch geschrieben: „Du wirst dein Seelenheil verwirken." Und das zu einem Zeitpunkt, wo ich streng religiös gedacht und gelebt habe! Da habe ich mich entschieden, ich trete ein.

Und genau in diesem Moment bin ich krank geworden. Durch die Krankheit aber habe ich meine Freiheit wiedergewonnen. Der Orden hat immer gesagt: „Der ist ja todkrank, lassen wir ihn machen, was er will."

Als der Bischof die Anfrage an den Orden stellt, ob man mich als Diözesanseelsorger für die Jugendarbeit in Oberösterreich freistellen würde, haben sie sofort ja gesagt. Viele Freiheiten habe ich nur durch die Krankheit bekommen. Der Bischof hat immer gesagt: „Der Saurugg geht mich nichts an, das ist ein Ordensmann“, der Orden hat gesagt: „Nein, nein, der ist beim Bischof angestellt, der geht uns nichts an.“ Ich hatte buchstäblich Narrenfreiheit.

Die Krankheit war der Preis für die Freiheit?

Ja. Wir hatten in unserer Familie viel Nähe und Körperkontakt. Dann komme ich in ein Internat, wo das alles strengstens verpönt war. Wenn man jemanden nur im Vorbeigehen zufällig berührt hat, musste der andere sagen „noli me tangere“, bitte rühr mich nicht an. Und was passierte hier? Wegen der Krankheit bekam ich im Internat Ganzkörpermassagen, noch dazu von einer Frau. Über die Krankheit erhielt ich Körperkontakt, einen meiner wichtigsten Werte. Das sind Dinge, die mir erst durch die Frage bewusst geworden sind: „Was ist die Botschaft der Krankheit, um welche Werte geht es da in meinem Leben?“ Inzwischen weiß ich, welche große Wichtigkeit meine Familienkonstellation hatte. Mein Bruder war muttergebunden, meine Schwester eher vatergebunden, und ich hatte als Jüngster Narrenfreiheit. Ich war ein Wunschkind. Ich konnte mir immer einteilen, mit wem ich näher zu tun haben wollte. Sich einlassen und Beziehung zu leben, musste ich erst mühselig lernen.

Ist das erst durch den Umgang mit der Krankheit gekommen?

Ja. Das Wichtigste ist die Grundentscheidung: Ich übernehme die Verantwortung für meine Krankheit. Das Zweite ist, ich will wissen, was die Botschaft meiner Krankheit ist. Der dritte Schritt, wenn ich die Botschaft erkenne, ist zu fragen, welche Alternative es dazu gibt. Der vierte Schritt ist für mich die Irritation des Systems. Davor haben viele Angst. Das Alte ist so vertraut, das kennen sie. Wenn ich wirklich eine wichtige Entscheidung treffe, dann weiß ich nicht, wie es mir dann geht. Und ich habe es real erlebt. Einer meiner besten Freunde, der ein führender Mann in der Diözese war,

sagte zu mir: „Alois, ich werde dich, wenn ich dich auf der Straße treffe, nicht mehr grüßen und auch mit dir nicht mehr reden, denn es könnte uns ja jemand sehen, der annimmt, ich bin einverstanden, dass du mit der Irmgard lebst."
Ich habe viele Menschen verloren, weil ich entschieden habe, Priester zu bleiben und Familie zu leben.

Alois Saurugg bleibt bei seinen Entscheidungen. Schritt für Schritt bilden sich die Symptome seiner schweren Krankheit zurück. Heute gilt er als geheilt. Für manche Ärzte blieb die Heilung unerklärlich. Die einen bezweifeln angesichts der Heilung die ursprüngliche Diagnose, andere wiederum begannen psychotherapeutische Ansätze in ihr Instrumentarium aufzunehmen.

Die Wende setzte ein, als die Krise schon ziemlich auf dem Höhepunkt war.
Die Krise war schon fast überschritten.

Bei vielen notwendigen Veränderungen muss man offensichtlich an den Punkt kommen, wo es um Leben oder Tod geht.
Ich war sicher am Ende.

Ist es notwendig, dass die Krise diesen Wendepunkt erreicht?
Leider ja. Die Mitte der Nacht. Dahinter steckt eine tiefe Weisheit. Die Mitte der Nacht ist der Anfang eines neuen Tages. Ich erlebe sehr oft, dass die eigentliche Wende jener Punkt ist, wo jemand erkennt: Jetzt stehe ich vor der letzten Entscheidung: entweder – oder. Es geht immer um eine Lebensentscheidung. Es geht immer darum, wofür ich leben möchte. Wofür? Im Grunde ist der tiefe Sinn des Lebens, einfach glücklich zu sein. Zu meinem Leben gehören auch leidvolle Geschichten. Aber der Sinn meines Lebens ist nicht, das Kreuz zu tragen. Damals haben Leute zu mir gesagt: „Wie sehr muss Gott Sie lieben, dass er Sie so leiden lässt." Ich habe gesagt: „Dann ist er ein Sadist." So ein Unsinn. Der Sinn kann nur sein, im Tiefsten zufrieden und glücklich zu sein. Heilung setzt Versöhnung voraus. Jemand, der unversöhnt ist, kann nicht heil sein.

Und was ist Glück?
Ich glaube, dass das etwas mit einer tiefen inneren Zufriedenheit zu tun hat. Zufrieden sein heißt, dass ich mit den ganz unterschiedlichen Anteilen meiner Persönlichkeit, mit meinen Licht- und Schattenseiten, in Frieden bin. Wenn ich die guten Seiten kenne, kann ich die anderen auch in Kauf nehmen, weil ich weiß, sie gehören dazu. Wenn ich mich mit den Schattenanteilen auseinandersetze, entsteht Friede. Wenn ich mich über jemanden sehr ärgere, weiß ich immer, es ist mein eigener Schatten, es sind meine eigenen Fehler und Grenzen und es ist nicht die andere Person. Sie macht mich nur aufmerksam, dass etwas in mir nicht heil ist. Indem ich mich dem stelle, merke ich, dass diese Menschen plötzlich liebenswert werden.

Ganz pragmatisch gefragt: Wie machen Sie das, Ihren Schatten anzuschauen?
Ich frage genau nach. Es bringt mich zum Beispiel niemand so schnell auf die Palme wie jemand, der pingelig und stur auf seiner Meinung beharrt. Ich habe oft gedacht: „Was ist es, was hat es mit mir zu tun, dass mich jemand so auf die Palme bringt?" Mir ist bewusst geworden, da geht es nicht um den Satz, auch nicht um das Wort, da geht es um den Buchstaben, auf dem jemand herumreitet. Mich stört das furchtbar. Und plötzlich wird mir mein Schatten bewusst, meine Familiengeschichte. Streng, streng religiös. Diese Enge, das war über Jahre mein Leben. Mühselig habe ich mich davon frei gemacht. Jetzt sitzt jemand da und hält mir den Spiegel wieder vor. Seit ich es weiß, kann ich es aber sein lassen. Mit diesem Anteil bin ich im Frieden.

Bringt das Gegenüber also etwas zum Klingen, das in einem drinnen ist, das nicht grundsätzlich gut oder schlecht ist?

So ist es. Man merkt gar nicht, dass man sehr emotional reagiert. Viele meinen, das ist der andere. Aber ich bin draufgekommen, dass ich so reagiere, das ist meine Geschichte. Dafür bin ich dankbar. Alle diese Schatten sind meine Herausforderung zur Veränderung und lassen mich immer ein Stück weiser werden. Mein Name ist mir dabei ganz wichtig. Alois heißt „der ganz Weise". Eines meiner Lebensziele ist, weise zu werden, wie einer, der das Leben kennt und gelebt hat mit Verstand und Herz.

Alois Saurugg gründet sein Institut für Persönlichkeitsentwicklung und Kommunikation. Nach seiner Lebensentscheidung wird er vom Orden suspendiert. Die Themen seiner meist lange im Vorhinein ausgebuchten Seminare schließen an eigene Erfahrungen an: Selbstwert und Kommunikation, Systemerkennung, Familienrekonstruktion, Lebensthemen, Wege zur Heilung und Gesundheit.

Worum geht es Ihnen heute in Ihren Seminaren?

Alle Inhalte meiner Seminare kann ich mit einem Satz ausdrücken: Wie kann ich Menschen begleiten, damit sie mit der Wahrheit ihres Herzens in Kontakt kommen? Ich glaube, dass jeder Mensch ein Geführter ist. Und dass es wichtig ist, mit dem inneren Geführtsein – für mich als Theologe ist es das Göttliche – in Kontakt zu kommen. Alle Ratschläge, die von außen kommen, sind oft gut gemeint, aber sie sind meistens die Wahrheiten der anderen. Ich möchte Menschen begleiten, die auf der Suche sind, die Wahrheit ihres Herzens zu entdecken. Das hat viel mit Glücklichsein zu tun.

Tief greifende Veränderungen geschehen nur durch die Krise?

Das stimmt sicher. Selbstverständlich kommt mir oft die Frage: Wie frei ist der Mensch, was kann ich durch eine Therapie überhaupt bewirken? Mich fasziniert, wenn ich Menschen zwanzig Jahre und mehr kenne und sehe, was sich in ihrem Leben verändert. Je mehr jemand in Kontakt kommt mit seiner inneren Wahrheit, desto tiefer sind die Veränderungen.

Wie definieren Sie Liebe?

Es gibt keinen bösen Menschen, davon bin ich zutiefst überzeugt. Zu all den Bösartigkeiten, die real sind, gibt es immer eine Geschichte. Wir wissen, viele, die andere verletzen, haben selbst Verletzungen in sich. Da lerne ich viel verstehen, wenn auch nicht gutheißen. Ich kann Menschen immer mehr sein lassen, wie sie sind.

Im katholischen Taufritus gibt es die Zusage an dieses hilflose kleine Kind, dass es einen eigenen Namen hat, dass es eigenständig und unabhängig von anderen gesehen und angenommen ist.

Ich glaube, dass es um diese Zusage geht: „Was immer du bist, im Tiefsten bist du ein Mensch, der wert ist, geliebt zu werden." Das ist das Großartige der christlichen Botschaft. Dafür bin ich aus tiefster Überzeugung Christ.

Hatte die Heilung auch Auswirkungen in Ihrem geistlichen Leben?

Ja. Das Aufgeben von Enge. Mein Gottesbild hat sich völlig verändert. Wie dankbar bin ich heute für jeden Tag und alle Begegnungen! Ich empfinde eine tiefe Dankbarkeit dem Leben gegenüber. Auch die Erfahrung, dem Göttlichen im anderen zu begegnen, empfinde ich als unendlichen Wert. Das macht mich innerlich glücklich.

Die Luft muss fließen

Elfriede Schmid, 58, pensionierte Lehrerin, erkrankte vor sechs Jahren an Lungenfibrose.

Das Wort Nasenbrille bekommt bei Elfriede Schmid eine neue Dimension. Denn durch die transparenten Plastikschläuche, die von der Nase zu einer Sauerstoffflasche führen, fließt ihr „Lebenssaft". Was vor sechs Jahren mit einer Lungenentzündung begann, begleitet die pensionierte Lehrerin für Werkerziehung und Deutsch in Form einer Lungenfibrose nun ständig. Als ich Elfriede Schmid in ihrem Haus im nördlichen Mühlviertel besuche, ist gerade ihre Enkelin zu Besuch. Für kurze Zeitspannen geht Elfriede Schmid auch ohne Sauerstoffrucksack in den Garten. Im Haus gibt es zwei Sauerstoffdepots, von denen sie mindestens 16 Stunden pro Tag versorgt wird. Sie sind so unauffällig platziert, dass man sie suchen müsste. Elfriede Schmid wirkt gut gelaunt, ihr Mann Franz, ein pensionierter Mittelschulprofessor, serviert Kaffee und Gramastettner-Krapferl. Die Enkelin spielt nebenan. Elfriede Schmid setzt ihre Nasenbrille auf.

Sie tragen eine Nasenbrille.
Ja, sobald ich sie aufhabe, fließt der Sauerstoff. Ich brauche zwei Liter pro Minute.

Was spüren Sie, wenn Sie die Nasenbrille aufsetzen?
Gar nichts.

Spüren Sie nichts ein- oder ausströmen?
Nein, gar nichts. In der Nacht merke ich überhaupt nichts, auch nicht die Nasenbrille.

Wenn Sie mit der Nasenbrille dasitzen, fällt Ihnen das selbst also gar nicht mehr auf?
Nein. Wenn ich mit dem Sauerstoff-Rucksack unterwegs bin und jemand schaut mich so an, denke ich: „Habe ich irgendwo einen Knopf offen?" Erst hinterher komme ich drauf, dass es deswegen war. Es geht mir prinzipiell sehr gut. Nur an Tagen, wo man nicht so gut drauf ist, stört es mich, wenn die Leute so schauen.

Wissen Sie, warum Sie das stört?
Vielleicht, weil es mich an meine Krankheit erinnert, und dann das Gefühl aufkommt, ich bin ja krank.

Das haben Sie sonst nicht?
Nein. Gott sei Dank. Nur im Spital. Deswegen bin ich auch so ungern im Spital, nur zur Kontrolle. Da bin ich um jede Stunde froh, die ich eher wieder herauskann. Im Spital fühle ich mich krank. Da wird mir bewusst, ich bin ja eigentlich schwer krank. Wenn ich herauskomme, ist das wieder erledigt.

Wie oft müssen Sie ins Krankenhaus?

Früher alle drei Monate, jetzt nur mehr alle sechs Monate zur Kontrolle der Lungenfunktion und des Allgemeinzustandes. Es steht im Raum, dass ich eventuell einmal eine neue Lunge brauche. Transplantiert wird aber nur bei einem sogenannten Gesunden, bei dem alle anderen Organe in Ordnung sind.

Nur „Gesunde" bekommen eine neue Lunge?

Ich habe mich noch nicht so genau erkundigt, weil mich das irrsinnig belastet hat. Ich habe das sehr abgelehnt, zwei Jahre lang. Ich konnte das Wort Transplantation gar nicht hören oder aussprechen. Ein befreundeter Arzt hat mir sehr geholfen. Der hat gesagt: „Warum sperrst du dich dagegen? Das ist doch eine Chance und keine Bedrohung." Die Krankenhaus-Ärzte waren schon recht zornig, weil ich gar nicht mit mir habe reden lassen. Einer hat einmal gesagt: „Sie werden schon sehen, in ein paar Jahren ist das Herz auch kaputt, und dann kann man gar nichts mehr machen." Aber ich konnte nicht. Irgendwann habe ich gedacht, eigentlich hat der Arzt recht, der gemeint hat, es sei eine Chance.

Dann gab es Situationen wie jene in Krems. Ich war auf einem Antiquitäten-Flohmarkt unterwegs, da sah mich eine Frau mit meinem Sauerstoff-Rucksackerl gehen. Sie sprach mich an, sie habe mich lange beobachtet und überlegt, ob sie mich anreden soll. „Wissen Sie, ich bin lungentransplantiert. Ich hatte solche Angst davor und ich kann mir vorstellen, dass Sie die auch haben. Aber schauen Sie mich an, wie gut es mir jetzt geht!" Dann haben mir andere Leute auch von Menschen erzählt, denen es nach der Transplantation sehr gut geht. So habe ich es langsam akzeptiert. Es kann irgendwann einmal anstehen.

Für Elfriede Schmid kam die Krankheit aus dem „Nichts". Die Aufklärung über ihre Erkrankung durch den zuständigen Primar überforderte sie im Moment völlig. Mit dem Begriff „Fibrose" verband sich für sie keinerlei Vorstellung.

Wann wurde für Sie klar, worunter Sie leiden und wie es wahrscheinlich weitergehen wird?

Am Anfang war ich verzweifelt. Das hat lange gedauert, ein Jahr ungefähr. Oder vielleicht sogar noch länger? Da ist es mir psychisch sehr, sehr schlecht gegangen. Das war mir fremd, weil ich grundsätzlich sehr positiv bin. Ich habe da so ein Positiv-Gen von meiner Mutter, die sieht auch überall das Positive. Mein Mann hat mich wahnsinnig unterstützt, meine Kinder, die ganze Familie, die Freundinnen.

Warum sind Sie da so gegen Ihr Naturell in eine Phase der Niedergeschlagenheit geschlittert?

Weil ich am Anfang geglaubt habe, dass ich nur mehr ein Jahr oder nur mehr kurz lebe. Da habe ich mir bei allen Festen und Anlässen gedacht, das ist jetzt das letzte Mal. Das war fürchterlich.

Wie kamen Sie zu der Einschätzung?

Im Internet steht, man wird nicht alt mit der Erkrankung. Aber ich glaube jetzt nichts mehr, weil jeder anders reagiert. Mir geht es schon sechs Jahre gut. Es ist Gott sei Dank nicht schlechter geworden. Prophezeit wurde mir, dass ich relativ bald eine neue Lunge brauchen werde.

Hat sich Ihr Zustand im ersten Jahr der Verzweiflung auch tatsächlich einmal verschlechtert?

Kurz einmal, doch. Obwohl ich das Gefühl hatte, dass es mir besser geht. Da bin ich einmal zu einer Untersuchung gefahren und habe gedacht: „So, jetzt sage ich ihnen, ich bin gesund." Das Gefühl hatte ich. Aber es hatte sich deutlich verschlechtert. Ich bekam wieder sehr viel Cortison. Seit diesem Zeitpunkt ist mein Zustand stabil.

Dieses erste Jahr war ganz schlimm. Ein Bekannter hat Depressionen, der sagte zu mir: „Du weißt ja nicht, wie das ist." Ich antwortete ihm: „Kannst du dich nicht zumindest so weit über Wasser halten, dass Mund und Nase heraußen sind, damit du nicht untergehst?" Ich

dachte immer, das gibt es doch nicht, man muss doch etwas finden, das einen freut. Als ich selbst in dieser Situation war, wusste ich, dass man oft blöd daherredet, und ich dachte mir: Wenn ich ihm geraten habe, er soll sich am eigenen Schopf herausziehen, dann muss mir das auch gelingen. Und es ist mir, Gott sei Dank, wirklich gelungen. Aber nur mit der Hilfe meines Mannes, der Familie und meiner Freundinnen. Denen bin ich so dankbar, das kann ich gar nicht sagen. Die haben immer wieder angerufen, haben mich besucht. Zu dem Zeitpunkt habe ich mich meist verleugnen lassen. Da musste mein Mann immer sagen: „Die ist nicht daheim“ oder „Die liegt im Bett“ und er könne mich nicht wecken und alles Mögliche. Ich konnte mit niemandem reden.

Können im buchstäblichen Sinn?

Ja, weil ich sofort geweint habe. Aber eines Tages sind meine Freundinnen unangemeldet gekommen, ein ganzer Tisch voll ist da gesessen, und sie haben gesagt: „So kann es nicht sein. Wir haben gewusst, du bist daheim, und jetzt sind wir da, wir wollen nur mit dir reden.“ Ich bin ihnen so dankbar, denn das hat mich herausgeholt.

Dieser Besuch der Freundinnen war ein psychischer Wendepunkt?

Vielleicht. Aber ich glaube, es war mehr das Kontinuierliche, dass sie nicht nachgelassen haben. Ich habe früher gegolft, nicht gut, aber gern. Sie haben gesagt, ich solle mit ihnen mitgehen. Ich bin aber nicht gern hinausgegangen, eben wegen des Sauerstoffs. Ich wollte mich damit nicht sehen lassen. Sie haben gesagt: „Jetzt gehst du mit. Die Leute werden dich beim ersten Mal intensiv anschauen, beim zweiten Mal nur mehr ein bisschen und das dritte Mal überhaupt nicht mehr.“ Genauso war es auch.

Mein Schwiegersohn hat einmal zu mir gesagt: „Wie hältst du denn das alles aus?“ Und ich habe ihm gesagt: „Weißt du, es ist gar nicht so schlimm, denn ich bin in einem Netz, das ganz enge Maschen hat.“ Ich hatte das Gefühl, ich kann überhaupt nicht durchfallen. Es war immer wer da zur rechten Zeit, auch wenn es mir schlecht gegangen ist, und hat mir zugeredet. Oder wenn ich einkaufen gegangen bin im Dorf, sind Leute auf mich zugekommen und haben gesagt: „Mein Gott, wir haben gehört, du hast das und das. Aber weißt du, ich habe eine Krankheit auch schon so lange, mach dir keine Sorgen, es geht alles weiter." Da habe ich mir gedacht, alle Leute sind krank, auch solche, von denen ich das nie gedacht hätte. Das hat mir Mut gemacht. Dass ich nicht alleine bin. Es hat jeder irgendetwas, und ich habe halt das.

Haben sich für Sie durch diese Anteilnahme auch andere Blickwinkel auf die Menschen eröffnet?
Ja, absolut, denn es eröffnen sich plötzlich ganz neue Facetten der Mitmenschen.

War auch bei Ihnen früher nur die starke Seite die sichtbare?
Ja, auf jeden Fall. Meine Freundinnen haben öfter gesagt, dass sie sich Schwächen bei mir gar nicht vorstellen können.

Elfriede Schmid hat von ihren Eltern gelernt, dass man viel schaffen kann. Ehrgeiz und Einsatz gehörten für sie zum Leben. So engagierte sie sich nicht nur im Beruf voll, sondern auch in ihrem Heimatort in vielen Initiativen und Vereinen. Die Lungenfibrose hat sie „eingebremst". Die Lungenbläschen sind entzündet und können nur vermindert Sauerstoff aufnehmen und an das Blut abgeben. Durch die drastisch eingeschränkte Lungenfunktion musste Elfriede Schmid auch in ihrem Leben vieles beenden und abgeben. Am schwersten fiel der ambitionierten Lehrerin der Abschied aus dem Beruf. Handarbeit gehört aber auch heute noch zu ihren Lieblingsbeschäftigungen. Sie gestaltet Glasperlenschmuck. Das geht daheim am Wohnzimmertisch ganz gut. Mit ihrem Mann unternimmt sie außerdem weiterhin Reisen. Die Sauerstoffflaschen werden auch in Urlaubsorte zugestellt.

Sie haben lange gebraucht, bis Sie die neue Situation akzeptieren konnten.
Ja, lange. Aber auch alle anderen, vor allem mein Mann, haben gelernt, damit umzugehen.

Was haben Sie in der Zeit Neues über sich selbst gelernt?
Ich bin sehr viel toleranter geworden, viel gelassener. Wenn ich früher etwas machen wollte, dachte ich, das müsse unbedingt sein. Mit der Erkrankung habe ich gemerkt: Was nicht sein will, ist einfach nicht. Oder wenn wir jetzt fortfahren, besichtigen wir, was möglich ist. Früher habe ich mich immer geärgert, wenn wir nicht alles gesehen haben, weil es sich nicht mehr ausgegangen ist. Jetzt denke ich mir, es ist halt so. Früher war ich immer einen Schritt voraus und habe geplant. Wirklich im Augenblick war ich selten, weil ich den Kopf immer schon wieder woanders hatte, oft bei fünf Sachen gleichzeitig. Als ich noch jung war, hat mir das richtig Spaß gemacht, wenn ich drei, vier Sachen vor mir hatte. Ich habe gedacht, jetzt bin ich neugierig, wie ich das wieder schaffen werde. Das war eine Herausforderung. In den letzten Jahren in der Schule war es schon manchmal umgekehrt. Da habe ich gedacht, wie werde ich das denn schaffen? Mir wurde dann auch gesagt, dass ich die Krankheit schon länger hatte.

Ich schätze Sie als sehr hilfsbereit ein. Jetzt sind Sie in die Rolle gekommen, selbst Hilfe annehmen zu müssen. Ist das schwierig für Sie?
Jetzt kann ich das, aber ich habe es lernen müssen. Das war ein Umstieg. Ich muss auch sagen, es kommt einem alles zurück, sowohl das Positive wie das Negative. Viele haben mich angerufen, als ich krank geworden bin, und haben gesagt: „Du hast mir auch einmal etwas Gutes getan." Oft konnte ich mich an die Person gar nicht mehr erinnern. Ich glaube, ich habe manchen einfach zugehört. Jetzt kann ich Hilfe sehr gut annehmen.

Welche Hilfe hat Ihnen genützt in der Phase der Verarbeitung nach dem Schock?
Ich hatte irrsinnig viel Angst, dass ich nicht mehr lange leben werde. Aber auch das Gefühl, nutzlos und nicht mehr produktiv zu sein. Damit hatte ich schon zu kämpfen. Am stärksten war aber die Angst.

Auch Angst vor Schmerzen?
Die habe ich nicht. Wenn ich im Spital bin bei der Untersuchung, habe ich keine Schmerzen.

Angst, keine Luft zu bekommen?
Das weniger. Angst vor dem Ausgeliefertsein. Ich hatte so ein naives Medizinverständnis. Wenn ich krank bin, gehe ich zum Arzt, der gibt mir etwas und dann werde ich gesund. Außer bei Krebs. Und dann war es so, dass die Ärzte gesagt haben, recht viel könnten sie nicht tun. Bei der Diagnose haben sie gesagt, das Gute daran ist, es ist nicht Krebs, das Schlechte daran ist, man kann es sehr schwer behandeln.

Sie waren damals Anfang 50. Da will man noch nicht sterben.
Richtig. Ich war 52 und habe mir immer gedacht, das gibt es doch nicht. Ich bin noch jung. Da habe ich aber sehr, sehr viel ans Sterben gedacht. Das war arg damals. Am schlimmsten waren immer die Anlässe, wenn etwas gefeiert wurde. Ich habe immer gedacht, das ist das letzte Mal. Beim zweiten Mal habe ich mir gedacht, ich bin noch immer da, beim dritten Mal habe ich mir gedacht, so, jetzt geht es aufwärts. Jetzt denke ich mir, sollte es so sein, dann ist es halt so. Ich genieße jeden Feieranlass.

Ich stelle es mir entsetzlich vor, eine Krankheit zu haben, die man nicht abschätzen kann.
Das ist es. Aber seit dem einen Jahr, wo ich gesehen habe, ich lebe noch, empfinde ich jeden Tag als Zugabe.

Eine Zugabe zu einem schon reichen Leben?
Zu einem sehr reichen Leben. Es wäre ungerecht, wenn ich mit meinem Schicksal hadern würde.

Was braucht man wirklich im Leben?
Vertrauen. Und man braucht Freunde, Familie. Was macht es aus? Menschen. Die haben mir geholfen.

Mehr als die Sauerstoffflasche?
Sicher. Die habe ich ja, Gott sei Dank.

Die Wörter sind wieder da

Kathrin Schmidt, 51, Schriftstellerin, hatte durch einen Schlaganfall ihre Sprache verloren.

Wir treffen einander in einem Lokal in Sulzbach-Rosenberg, wo Kathrin Schmidt am Tag davor eine Lesung hatte. Sie hinkt ganz unmerklich, als sie bei der Tür hereinkommt. Sie wirkt leise, zurückhaltend. Kathrin Schmidt hat seit Jahrzehnten in der Literaturszene einen Namen. Sie schreibt Lyrik und Prosa und ist im Frühjahr mit ihrem Roman „Du stirbst nicht" in den Blickpunkt der Aufmerksamkeit zurückgekehrt. Kein autobiografischer Roman und auch kein therapeutisch gemeinter, und doch hat er viel mit ihr zu tun. Denn wie die Hauptfigur erlitt auch Kathrin Schmidt eine Gehirnblutung.

Sie hatten diese Gehirnblutung als 44-Jährige. Ist das nicht außergewöhnlich jung?

Eigentlich nicht, es gibt noch viel Jüngere, die das ereilt. Ein Aneurysma ist in der Regel eine angeborene Geschichte, und es platzt eben relativ häufig jenseits des 40. Lebensjahres. Ich wusste davon aber nichts, in meiner Familie gab es keine Schlaganfälle.

Hatte sich das irgendwie angekündigt?

Ich hatte die Jahre zuvor immer starke Kopfschmerzen. Deswegen ließ ich langwierige Untersuchungen machen, aber die schlossen keine Angiographie oder eine Gefäßuntersuchung des Kopfes ein. Da kam keiner drauf ... Aber seit das Aneurysma geclipt worden ist, hatte ich nie wieder Kopfweh. Nie wieder.

Als der Schmerz eingesetzt hatte, weil das Aneurysma geplatzt war, waren Sie sicher, sterben zu müssen. Woher nimmt man in dem Moment diese Gewissheit?

Ich weiß es nicht. Ich war so froh, dass ich es noch geschafft hatte in die untere Etage. Auf dem Balkon hatte ich eine Zigarette geraucht und plötzlich das Gefühl, dass mich etwas am Kopf getroffen hat. Ein Schnippsgummi oder so etwas. Mir wurden sofort die Knie weich und ich dachte, jetzt musst du sofort runter gehen zum Hans, meinem Mann, sonst liegst du bis morgen früh im Arbeitszimmer. Unten bin ich neben ihm in den Sessel gefallen und habe gesagt: „Hans, ich sterbe." Ganz ruhig. Aber woher das kam, weiß ich nicht. Das war so ein Gefühl.

Ist das ein Gefühl, dass einem etwas entgleitet?

Ich habe schon ganz genau gemerkt, dass etwas außerordentlich Schlimmes passiert ist. Ich wusste nicht, was. Ich hatte auch keinen Kopfschmerz, obwohl einem

geplatzten Aneurysma immer ein starker, existenzieller und vernichtender Kopfschmerz unterstellt wird. Aber daran kann ich mich nicht erinnern. Ich erinnere mich nur, dass ich diesen Satz gesagt habe. So richtig zu mir gekommen bin ich, abgesehen von einigen kurzen Episoden des Wachseins, erst im Krankenhaus wieder. Mein Mann hatte sofort den Notarzt geholt, der auch nach zehn Minuten schon da war. In einem Moment des Bewusstseins merkte ich noch, wie man mich über die Terrasse zum Auto trug. Ein Sanitäter rief im Krankenhaus an und sagte: „44 Jahre, Apoplexie". Das verstörte mich, erinnere ich mich, und ich dachte: „Mensch, hast du einen Schlaganfall? Was ist denn jetzt los?" Und dann verließen mich die Sinne endgültig.

Und Apoplexie konnten Sie einordnen? Das heißt Schlaganfall?

Ja. Sie hatten es daran gemerkt, dass die Pupille nicht mehr kleiner wurde.

Ihr Leben hat sich von einem Moment zum anderen völlig verändert.

Wenn man wieder erwacht, muss man sich die Situation irgendwie zurechtlegen. Man weiß ja gar nicht genau, wie das wirklich war, und vieles wird einem auch erzählt. Aber ich glaube eben doch, dass meine Erinnerung ziemlich vollständig zurückgekehrt ist. Bis auf die zwei Wochen im Koma, an die ich keine Erinnerung habe. Die Träume, die ich aus dieser Zeit erinnere, waren allerdings so realitätsnahe, dass ich sie bis heute nicht von erlebter Realität unterscheiden kann und immer die Vernunft zum Ordnen einschalten muss. Ich erinnere die Träume als seien das richtige Erlebnisse gewesen.

Also detailgetreu?

Ja, ganz nahe steht das vor mir.

Träume haben ja oft Brüche und sind unlogisch. Haben diese das nicht?

Doch, doch. Ich erinnere mich deutlich an einen Traum, in dem meine Agentin mich besuchen wollte. Tatsächlich kam sie zwei Wochen später, als ich wieder bei Bewusstsein war. Aber ich hatte in der Tat so etwas wie das Erlebnis, dass sie kam, als ich im Koma lag. Sie kam und fiel vor meiner Tür in einen tiefen Schacht, ging dann unter dem Zimmer hindurch und kam auf der anderen Seite mit einem Paternoster wieder hoch. Als sie erneut ins Zimmer treten wollte, fiel sie wiederum durch den Schacht hinunter. Sie kam eben nicht zu mir, obwohl sie wollte. Ich habe sie gehört. Das steht mir noch so vor Augen, als ob es eben geschehen sei.

Vielleicht kann man im Zustand des Komas versuchen, mit jemandem Kontakt aufzunehmen.

Vielleicht, ich weiß es nicht.

Von Nahtod-Erlebnissen wird erzählt, dass Personen, die man kennt, einem entgegenkommen. Ein innerer Vorgang, der etwas mit anderen Menschen und Erinnerungen verknüpft, den man aber nicht erklären kann.

Das glaube ich auch. Ich habe zum Beispiel immer sehr intensiv ein indisches Mädchen gesehen, das ich zwei Jahre zuvor in Delhi kennengelernt hatte und das wir adoptieren wollten. Dazu war es leider nicht gekommen, indisch-deutscher Adoptionsbestimmungen wegen. So haben wir bis heute die Patenschaft für das Mädchen. Ich habe es ständig dort gesehen, auch in wirrsten Träumen. In unserem Wohngebiet zum Beispiel, wie sie auf indische Weise Wäsche wusch. Ganz komische Szenen. Ich bin ihr sehr oft begegnet. Als ich nach Hause kam, lag ein Brief von ihr auf dem Tisch, von einem Erzieher geschrieben. Sie hatte natürlich gar nicht gewusst, was inzwischen mit mir passiert war, weil sie damals auch noch zu klein dafür war.

Wie sind die Träume in der Erinnerung, angenehm oder unangenehm?

Eher unangenehm, eher bedrohlich. Wenn ich aus dieser komatösen Situation etwas auftauchte, sah ich in allem eher eine Bedrohung, die ich überhaupt nicht einordnen konnte. Ich hatte nur zu einer Schwester so etwas wie Vertrauen. Die redete immer unheimlich viel und zeigte mir dadurch ihre Anwesenheit. Das fand ich irgendwie toll, während die anderen, die an mir herumgewirtschaftet haben, das so wortlos taten. Dabei habe ich sie nicht immer gesehen, aber doch gemerkt, wenn sie an den Monitoren herumgewerkt oder mich gewaschen haben. Aber diese eine Frau begleitete alles, was sie machte, mit viel Gerede. Und das fand ich tröstlich. Obwohl ich nicht antworten konnte.

Sie haben es aber wahrgenommen.

Ja, ganz deutlich. Als ich einmal die Augen öffnen konnte, habe ich gesehen, dass sie dunkle Haare hat. Ich war dann immer schon ganz gierig darauf, dass sie kommt. Auch zeitlich hatte ich ja keinerlei Orientierung. Ich wusste nicht, wann Tag und wann Nacht ist, und habe immer, wenn sie wegging, gedacht, sie war nur wenige Minuten da. Irgendwie war mir die Zeit mit ihr immer viel zu kurz.

Versucht man aus diesem Zustand des Komas aus eigener Kraft herauszukommen?

Nein. Man weiß ja gar nicht, in welcher Situation man sich befindet. Die Sprache war nicht da. Ich konnte auch nicht sprachlich denken. Ich konnte Sprache gut verstehen, wenn sie von außen kam, aber ich konnte selbst keine entwickeln. Eher war das also ein unbewusstes, nonverbales Aufbäumen. Ich wollte wissen, was los war, denn ich habe ja gemerkt, dass ich noch da bin. Aber ich wusste nicht, wie und in welcher Form und worin meine Hilflosigkeit bestand. Da war immer dieses Gefühl, dass ich noch ein kleines Stück weitergehen muss, und dann wache ich auf. Ja, ich war mir schon sicher, dass ich irgendwie schlafe. Sehr komisch ...

In ihrem Buch „Du stirbst nicht" erzählt die Hauptfigur, die einige biografische Züge Kathrin Schmidts trägt, wie

sie diese Phase der ersten Orientierung und der Sprachlosigkeit erlebt.
Als Kathrin Schmidt selbst aus dem Koma erwacht, ist sie halbseitig gelähmt und kann nicht reden. Es liegt vielleicht in ihrem Naturell, meint die Autorin, dass sie die Situation einfach angenommen hat, wie sie war. In dieser durch Antidepressiva und Sedativa gedämpften Phase konnte sie auch überhaupt nicht verstehen, warum alle, die sie besuchten, immerzu weinten. Nur einmal weint sie, als ihre Schwägerinnen zu Besuch sind, ein „erfrischendes Weinen." Langsam lernt sie mit Rehabilitation und Therapien wieder gehen und reden.

Wie war Ihr Verhältnis zu den Wörtern vor dem Schlaganfall?

Ganz sprudelnd, ganz von selbst. Ich bin ja Psychologin. Wir hatten während des Studiums auch sprachliche Intelligenztests gemacht, in denen ich, nun ja, immer unschlagbar gewesen war. Die Worte überschlugen sich bei mir schneller als bei allen anderen. Synonyme? Sofort verfügbar. Sehr schnell konnte ich differenzieren zwischen verschiedenen Wörtern oder Wortarten, hin und her springen zwischen Wortklassen. Da war nicht die Spur eines Problems gewesen. Als ich ein Jahr nach den Platzen des Aneurysmas eine Intelligenzdiagnostik über mich ergehen ließ, war ich sprachlich gerade noch im Normbereich. Also wirklich: gerade noch.

Wie nimmt man so etwas auf?

Das war schon hart. Andererseits hat mich aber auch gefreut, dass ich schon wieder drin war im Normbereich! Anfangs muss ich mich ja außerhalb bewegt haben ... Für eine Zeitspanne von einem Jahr war es ein toller Erfolg, dort schon wieder angekommen zu sein. So überfließend wie vorher wird mir mein Wortschatz sicher nie wieder zur Verfügung stehen. Aber die jetzige Art zu schreiben finde ich eigentlich auch ganz schön. Das Innehalten bringt Überlegungen in den Schreibprozess, die früher einfach fehlten.
Trotzdem ist es nicht so, dass man keine Fortschritte mehr spürt. Dass ich mich mit Ihnen jetzt so unterhalte, wäre vor vier, fünf Jahren auch nicht möglich gewesen.

Wo war das Problem?

Dass ich auf Fragen nicht so schnell antworten konnte. Ich musste viel länger überlegen.

Man empfindet das Tempo, in dem andere reden, denken, gehen, als irrsinnig schnell?

Ja, da kann man überhaupt nicht mithalten.

Bedrohlich schnell?

Nein, aber es läuft einem einfach immer wieder weg, und wenn man hinterher möchte, hat man schon wieder vergessen, was der Anfang des Satzes war, den der andere gesagt hatte.

Welches Verhalten wünscht man sich in einer solchen Situation von anderen?

Ich habe mir eher nichts gewünscht, sondern mich zurückgezogen, wenn ich so etwas gemerkt habe. Ich war immer sehr froh, wenn die Situation vorbei war und keiner mehr etwas von mir wollte. Mit Ruhe und Sammeln konnte ich selbst wieder an etwas arbeiten, das Veränderung bringen konnte. Ich habe auch viel gelesen, weil mir Lesen unheimlich schwergefallen ist. Vorher beherrschte ich Diagonallesen und habe in ganz schnellem Tempo Bücher „gefressen". Das geht heute immer noch nicht, viel zu langsam. Mein Mann hingegen sagt: „Du bist endlich normal geworden."

Waren Sie da nie verzweifelt?

Nein, komischerweise nicht, wirklich nicht. Ich denke, dass mich das auch letztlich gerettet hat aus dem ganzen Schlamassel. Dass ich einfach keine Verzweiflung kannte.

Wenn man in der Sprache lebt, kann dann nicht der Wegfall der Sprache so sein, als ob einem der Boden unter den Füßen weggezogen würde?

Wenn jemand ein Wort aussprach, habe ich schnell gemerkt, dass sich da irgendetwas regeneriert hat. Das Wort stand mir im Moment des Aussprechens durch andere Personen wieder zur Verfügung. Anfangs nur kurz, dann war es wieder weggerutscht, aber die Phasen des Behaltens wurden immer länger. Deswegen kam mir der Gedanke nicht, dass die Sprache für immer weg sein könnte.

Nach einem Vierteljahr Rehabilitation kehrt Kathrin Schmidt in ihre Familie zurück. Diese integriert sie ganz selbstverständlich in den Alltag. Vielleicht, meint sie heute, sei das die beste Therapie gewesen. Sie macht das Frühstück für alle und übt so lange das Schmieren der Brote mit der rechten Hand, bis das wieder geht. Der schon angemessene Rollstuhl wird abbestellt. Kathrin Schmidt schreibt ein neues Buch. „Seebachs schwarze Katzen". Das sei ihr „therapeutischer" Roman gewesen, durch den sie sich beharrlich der Wörter wieder bemächtigte.

Sie haben fünf Kinder. Der jüngste Sohn ist noch im Haus, die anderen sind schon flügge. Wie konnten die mit der Krankheit der Mutter umgehen?

Ich komme erst allmählich dahinter, habe mir damals viel zu wenig Gedanken darüber gemacht, obwohl sie sehr darunter gelitten haben. Eine Tochter nahm damals ein Urlaubssemester, sie studierte in Bremen und kam nach Hause zurück. Die andere Tochter machte gerade Abitur, was natürlich nicht so einfach war. Sie arbeitete viel zu Hause und half mir viel. Ein Sohn war gerade ausgezogen, kam aber sehr oft und überlegte, wieder einzuziehen. Die Kinder waren einfach umwerfend, muss ich sagen, alle. Wenn ich darüber in jener Zeit nicht so richtig nachgedacht habe, dann sicher auch deshalb, weil ich mich eben auch selbst einfach nicht als ein „Häufchen Unglück" erleben konnte. Erst sehr langsam rutschte es mir wirklich ins Bewusstsein, dass ich in einer völlig abhängigen und für die anderen sehr bedrohlichen Situation dagelegen hatte. Jetzt erst fallen mir Sachen ein, die ich irgendwie ausgeschaltet haben muss. Zum Beispiel hatte ich ein Jahr nach dem Platzen des Aneurysmas einen schweren epileptischen

Anfall. Da er im ersten Krankenhaus nicht aufzulösen war, mussten sie mich in ein zweites bringen. Weil ich aber immer nackt schlafe, versuchte mein Mann also, während ich krampfte, mich anzuziehen. Das schaffte er alleine nicht und holte meinen Sohn dazu, der damals sechzehn Jahre alt war. Es muss ein schlimmes Erlebnis für ihn gewesen sein, mich krampfend da liegen zu sehen und anziehen zu müssen. Ich hatte davon nichts gewusst, bis er es mir drei, vier Jahre später erzählte. Er war immer so ausgesucht lieb und zuvorkommend zu mir gewesen und hat in einer Art und Weise auf mich geachtet, die ich selbst gar nicht richtig fassen konnte. Nun wird mir das irgendwie ein bisschen klarer.

Aber es ist doch gut, dass man das in der Situation nicht reflektieren kann.
Das denke ich auch.

Wie wirkt sich die Beeinträchtigung auf das Selbstempfinden als Frau aus?
Das ist ein bisschen heikel. Einerseits blieb sofort nach dem Aneurysma meine Regel aus und ich war eben mit 44 durch die Wechseljahre durch, ohne etwas davon bemerkt zu haben. Andererseits bin ich aber auch sexuell völlig „unlustig" geworden, ohne dass sich am Verhältnis zu meinem Mann etwas geändert hätte. Da ist dasselbe Gefühl wie vorher, bloß sexuell habe ich von mir aus absolut keine Lust mehr. Das finde ich schon sehr beeinträchtigend.

Gibt es dafür eine Erklärung?
Ich weiß es nicht. Ich habe auch noch niemanden danach gefragt. Dabei belastet es mich wirklich, stärker als irgendwelche äußeren Erscheinungen.

Möglicherweise muss man das Gehirn auch für die sexuelle Lust neu programmieren und neu trainieren.
Kann sein.

Was hat der Einschnitt durch das Aneurysma für Ihr Leben bedeutet?
Im Moment schwebe ich ein bisschen auf Wolke sieben, weil mein Buch von der Kritik so gut angenommen wurde, und weil ich bald für ein Jahr mit einem Stipendium nach Rom gehen werde. Man könnte sagen, ich habe einen gewissen Krankheitsgewinn daraus gezogen. Dann denke ich, vielleicht gibt es eine ausgleichende Gerechtigkeit, dass es jetzt so kommt? Solche Gedanken sind mir nicht fremd, aber sie sind natürlich Quatsch.
Ich denke, dass sich mein Verhältnis zum Tod stark verändert hat. Ich habe vor dem Tod überhaupt keine Angst mehr, selbst wenn er mich sofort treffen würde. Außerdem brauchen Ereignisse heute eine stärkere Kraft, mehr Druck, mehr Power, um mich zu erreichen. Ehe ich etwas richtig schlimm finde, muss es auch wirklich richtig schlimm sein. Ich schaue erst und warte ab, ob es so kommt. Ich lasse mich nicht mehr so schnell aus der Ruhe bringen. Es ist alles gemäßigt. Ansonsten sehe ich wenig Veränderung.

Hat so eine Krankheit einen Sinn?
Ich finde sie auf keinen Fall sinnlos, weil ich mit den Folgen umzugehen lernen musste. Das ist eine Aufgabe, die einem gestellt wird, wie ein Kind zu bekommen oder arbeiten zu gehen. In diesem Sinne finde ich es nicht sinnlos, das erfahren zu haben. Es fiele mir auch nicht ein, das Leben leichter und schöner zu finden, wenn es nicht passiert wäre.

Buchtipp: *Kathrin Schmidt „Du stirbst nicht" Kiepenheuer & Witsch 2009*

Die Diagnose war ein Wendepunkt in meinem Leben

Wiltrut Stefanek, 39, wurde von ihrem Ehemann mit dem HIV-Virus angesteckt.
Seit sie ihre Krankheit akzeptiert, hat sie die Kraft, sich Hilfe zu holen und anderen Hilfe zu geben.

Als Kind, sagt Wiltrut Stefanek, habe sie unter ihrem Vornamen gelitten. Heute, mit 39 Jahren, sei sie stolz auf ihn, weil kaum jemand anderer ihn trägt. Vieles hat sich im Leben der Mutter eines 18-jährigen Sohnes schon verändert. Vor allem, seit erfahren hat, dass ihr damaliger Ehemann sie mit dem HI-Virus angesteckt hat.

Seit wann wissen Sie, dass Sie infiziert sind?

Seit 1996. Im Sommer 1995 wurde ich wegen einer Operation auf HIV getestet. Der Test war negativ. Nach der Operation wurde ich sehr krank, mit Durchfall, Erbrechen, geschwollenen Lymphknoten und Leberwerten wie ein schwerer Alkoholiker. Ich war in vielen Spitälern in Wien und habe Ärzte konsultiert. Viele dachten, ich sei schwanger, habe eine Darmgrippe oder Hepatitis, die anderen meinten, ich sei Alkoholikerin. Ein Arzt vertrat gar die Ansicht, ich sei hypochondrisch veranlagt und gehöre auf die Psychiatrie. Das glaubte ich dann nach fünf Wochen Dauerbeschwerden schon selbst. Im AKH wurde die Übelkeit behandelt, weil ich nichts essen und trinken konnte, und langsam verschwanden die Symptome wieder. Damit war die Angelegenheit für mich und die Ärzte wieder vergessen. Ein Jahr später wollte ich mich scheiden lassen. Als ich das meinem Mann mitteilte, drohte er mit Selbstmord. Er wurde schließlich mit Polizei und Amtsarzt für ein paar Stunden zwangsweise in ein psychiatrisches Krankenhaus eingewiesen. Dort wurde er gefragt, ob er sich untersuchen lässt. Dort willigte er ein, einen HIV-Test zu machen. Am nächsten Tag war er wieder zu Hause und am Nachmittag läutete schon das Telefon. Da war eine Ärztin dran, die sagte, er solle noch einmal vorbeikommen für weitere Untersuchungen, denn ein Test habe etwas ergeben. Ich habe gefragt, was für einen Test sie gemacht haben, und sie sagte, das könne sie mir nicht sagen, aber wir sollten Kondome benutzen und Blutkontakt meiden. Daraufhin habe ich sie direkt gefragt, ob es etwas mit Hepatitis oder HIV zu tun hat. Sie hat gesagt, das könne sie mir nicht sagen. Die Schwierigkeit war in der Folge, dass mein Mann nicht wieder ins Krankenhaus fuhr. Daraufhin habe ich jeden Tag im Spital angerufen, weil ich extreme Ängste hatte. Denn wir haben einen gemeinsamen Sohn, der war damals sechs Jahre alt. Ich dachte, wenn das HIV ist, muss ich wissen, was los ist. Generell macht es mich sehr nervös, wenn ich etwas nicht greifen kann. Ich habe jeden Tag angerufen. Die

waren schon ganz genervt. Eine Woche später meldete sich eine Ärztin und sagte mir am Telefon, dass mein Mann HIV-positiv ist und das seit mindestens zehn bis fünfzehn Jahren. Ich sagte, dann habe ich das sicher auch und sie meinte, lassen Sie sich testen. Damit war das Gespräch beendet. Als mein Mann nach Hause kam und ich ihm von dem Anruf berichtete, erwiderte er nur, er könne nicht HIV-positiv sein, denn er sei nicht schwul. Für ihn war das Thema damit erledigt. Ich ging dann zum praktischen Arzt und wollte mit ihm reden, wollte eigentlich hören, dass ich es nicht bin. Er meinte nur, ich sollte mich testen lassen. Er hat mich ins Labor geschickt. Dort wurde die Diagnose für mich und meinen Mann bestätigt. Unser Sohn Thorsten ist Gott sei Dank gesund.

Wie lange wartet man auf dieses Ergebnis?
Normalerweise eine Woche. Aber ich habe zu der Dame gesagt, ich möchte ein schnelles Ergebnis, und sie sagte: „In einer Stunde bekommen Sie den Befund". Das kann aber nur sein, wenn der Befund negativ ist. Wenn der Befund positiv ist, müssen noch weitere Tests gemacht werden, um das Ergebnis abzusichern, und das dauert eine Woche. Als ich nach eineinhalb Stunden noch immer keinen Befund bekommen hatte, war für mich klar, dass er positiv ist. Auch wenn die Dame sich ausgeredet hat, eine Maschine sei kaputt.

Welche Phantasien entwickelt man in der Zwischenzeit über diese Krankheit?
Für mich war es im ersten Moment ein Todesurteil. Das Gefühl hat mir schon vor der endgültigen Diagnose gesagt, dass ich HIV-positiv bin.

In welchen Zeitdimensionen denkt man bei Todesurteil?
Ich habe gedacht, ein paar Wochen, und dann ist es vorbei. Ich hatte nur die üblichen Informationen, wie man sich ansteckt und so weiter.

Obwohl Sie in dem Moment keine akuten gesundheitlichen Probleme hatten, dachten Sie so negativ?
Diese Diagnose selbst ist umwickelt mit Angst und Todesgefühl. Ich bin dann schon nach Wochen draufgekommen, dass ich mich äußerlich nicht verändert habe. Du hast dich als Person verändert, hast eine andere Lebenseinstellung, aber sterben wirst du jetzt nicht. Doch das muss man erst realisieren.

Ist man in einer Art Schockzustand?
Ich habe damals nur für den Moment gelebt. Ich habe zu dem Zeitpunkt alles schnell erledigt, was ich auf die lange Bank geschoben hatte.

Woran erinnern Sie sich da?
Ich habe Sachen ausgemistet, unangenehme Sachen erledigt und Vorkehrungen getroffen, was mit meinem Kind passieren wird. Mir war klar, dass ich mich von meinem Mann scheiden lassen werde. Er hat gewusst, dass er positiv ist, und hat es mir zehn Jahre lang verschwiegen. Wenn die Ärztin ihre Schweigepflicht nicht verletzt hätte, hätte ich es vermutlich erst viele Jahre später erfahren, durch Zufall oder wenn ich krank gewesen wäre.

Nach der Diagnose öffnen sich für Wiltrut Abgründe. Der Mann, den sie mit 16 kennen und lieben gelernt hat, hatte ihr Vertrauen enttäuscht. Nur mit „Schutzengerl" steckte sie sich viele Jahre nicht bei ihm an und konnte einen gesunden Sohn gebären.

Hat Ihr geschiedener Mann jemals eine Geste des Verständnisses oder der Reue gezeigt?
Nein, überhaupt nicht. Er hat nie akzeptiert, dass er das Virus hat, bis zu seinem Tod 2001 nicht.

Und hat daher auch nichts unternommen?
Einmal, als wir noch zusammen waren, hat er drei Monate lang eine Therapie gemacht. Dann war Silvester und er wollte etwas trinken und hat die Therapie

abgesetzt. Ich weiß nicht, was er nach der Trennung gemacht hat. Man hat mich öfter angerufen, ich solle mich um ihn kümmern. Ich habe gesagt: „Bitte, sind Sie mir nicht böse, aber was erwarten Sie von mir!?"

Das Pflegepersonal des Krankenhauses hat erwartet, dass Sie sich um ihn kümmern?
Ja, auch die Richterin hat mir bei der Scheidung gesagt, ich solle mich weiter um ihn kümmern. Ich habe gesagt, ich schenke ihr den Mann.

Wenn ich Sie richtig verstehe, war HIV nicht der Scheidungsgrund.
Mein Mann war sehr gewalttätig. Ein halbes Jahr nach der Diagnose zog ich ins Frauenhaus, weil es bei uns immer wieder eskalierte. Die Polizei war bei uns Dauergast. Da habe ich aber nur angegeben, dass ich wegen Gewalt ins Frauenhaus wollte. Die Richterin hat mich vorgeladen und gemeint, ich habe meinen Mann mit HIV angesteckt. Er behaupte das. Ich konnte anhand meiner Befunde belegen, dass es umgekehrt war. Es hat ein Jahr gedauert, bis die Scheidung durch war.

Die Scheidung erweist sich als schwierig. Wiltruts Mann will das Sorgerecht für den gemeinsamen Sohn, der seit seiner Geburt an schweren epileptischen Anfällen leidet. Offenbar verkraftet er nicht, dass Wiltrut endgültig seiner Kontrolle entgleitet.

War er für Sie eine große Liebe?
Ja, dazu stehe ich auch heute noch. Sonst hätte ich mir das alles nicht so gefallen lassen und ich hätte auch kein Kind mit ihm.

Was hat Ihnen so gefallen?
Er war für mich ein Revoluzzer, tätowiert, groß, schlank, lange, blonde Haare. Ich war einfach naiv mit 16. Er hat nur sagen müssen, ich liebe dich. Ich bin dann schon draufgekommen mit den Jahren, dass er ein Charakterschwein ist. Aber zum Wohle des Kindes bin ich geblieben. Man steckt als Mutter zurück, aber dann habe ich gemerkt, dass mein Kind noch mehr darunter leidet. Mein Sohn war schon vor unserer Trennung in psychologischer Betreuung. Die Psychologin sagte mir, dass das Kind einfach unglücklich ist wegen der familiären Situation. Ich hatte einfach Scheuklappen auf. Als ich mit ihm im Frauenhaus war, hatte er plötzlich wieder glänzende Augen.

Wiltrut hat inzwischen für die Zukunft ihres Sohnes vorgesorgt, sollte sie gesundheitlich nicht mehr in der Lage sein, sich um ihn zu kümmern. Vor allem auf ihren neuen Partner Richard kann sie sich absolut verlassen. Diese neue Partnerschaft sei respektvoller: „Ich schränke ihn nicht ein und er schränkt mich nicht ein." Vor vier Jahren hat Wiltrut auch wieder eine Arbeit angenommen. Sie ist halbtags in der Trafik ihrer Mutter angestellt und „nicht öfter krank als andere auch".

Haben Sie als Frau an Selbstbewusstsein gewonnen?
Nach der Diagnose war mir klar, entweder ich kämpfe oder ich hänge mich auf. Ich habe damals schon eher daran gedacht, dass ich mich umbringe, weil mir alles zu viel war. Da war das Kind eigentlich Nebensache. Ich dachte, es geht meinem Kind bei den Eltern wohl besser als mit mir als depressiver Mutter, die nicht weiß, was sie will. Und dann habe ich erlebt, dass das Jugendamt Druck macht und mich als schlechte Mutter hinstellt, mein Mann terrorisiert mich, die Polizei hilft mir nicht, meine Eltern haben sehr geklammert, sie hatten Verlustängste. Dann habe ich für mich entschieden: Ich mache weiter. Das Frauenhaus hat mich sehr stark gemacht.

War die Diagnose ein Wendepunkt in Ihrem Leben?
Es war für mich ein Wendepunkt. Ich sehe nicht nur das Negative an der Infektion. Klar, wäre ich lieber gesund und hätte ein anderes Leben, nicht diese Ängste, die man manchmal hat, wenn man spürt, man wird krank oder wenn man jemanden verliert, der einem sehr nahe gestanden ist. Aber ich muss ehrlich sagen,

für mich war die Diagnose die Wende in ein besseres und intensiveres Leben. Wenn ich dann mein Kind anschaue, hat sich dieser Kampf gelohnt. Mein Sohn sagt immer: „Wir haben keinen Grund, uns zu verstecken, Mama, du bist so, wie du bist, positiv."

Was ist schöner geworden?

Meine persönliche Einstellung zum Leben. Ich lebe irrsinnig gerne, ich genieße jeden Tag. Ich stehe auf, freue mich, wenn es mir gut geht, auch wenn ich Schmerzen habe. Man lebt nur einmal, und das muss man intensiv tun. Es kann so schnell vorbei sein. Ich weiß, was ich will, und ich gehe meinen Weg. Mein Freund sagt, ich sei manchmal sehr hart. Ja, aber so hat mich das Leben gemacht.

Wo sind Sie kompromisslos geworden?

Wenn mich jemand schneidet oder diskriminiert. Wenn man denkt, man hat sich angenähert und dann gibt es einen Seitenhieb, dann ist es aus.

Kann man bei Ihrer Krankheit eine Prognose stellen?

Nein. Die Aidshilfe sagt, man kann mit HIV durch die medikamentöse Therapie dreißig Jahre und mehr leben! Ich mag aber nicht, wenn jemand, der nicht damit lebt, sagt, wie lange man damit leben kann. Ich kenne Leute, die nach zehn Jahren gestorben sind. Das ist eine Durchschnittszahl. Für mich heißt leben, wirklich zu leben. Und das heißt nicht, einfach zu Hause zu sitzen und zu hoffen, dass es mir morgen besser geht. Das ist für mich kein Leben. Das Virus macht nicht halt. Man wird kränker. Viele von uns haben Probleme mit ihrer Leber, haben Krebs und leiden oft unter schweren Depressionen. Man wird generell nicht jünger. Ich mag das nicht, wenn Prognosen gestellt werden.

Haben Sie von Beginn an eine medikamentöse Behandlung gegen das Virus gemacht?

Nein, ich nehme nun seit ungefähr fünfeinhalb Jahren Medikamente.

Gab es das vorher nicht?

O ja, aber ich habe sie verweigert.

Warum?

Weil ich gedacht habe, ich schaffe es ohne Medikamente. Man geht zum Arzt, und der sagt: „Ihre Blutwerte sind in Ordnung, Sie brauchen noch keine Medikamente." Als er begann, mir zu einer Therapie zu raten, habe ich diese immer wieder hinausgezögert. Dann war es schon sehr kritisch. Die Ärztin meinte, wenn ich jetzt nichts mache, sterbe ich in einem Jahr. Das hat mich im ersten Moment sehr geschockt, dann habe ich gedacht, na, was soll's. Ich habe gemerkt, dass die Familie große Angst um mich hat. Meine Mutter hat gesagt, sie sage jetzt nichts mehr, aber sie schaue mir auch nicht zu beim Sterben. Mein Freund hat das auch gesagt. Mein Sohn hat mir die Tabletten hingeschmissen und hat gesagt, ich solle das schlucken, denn er wolle mich nicht verlieren. Ich solle mich außerdem nicht so anstellen, denn er schlucke auch seit seiner Kindheit Tabletten. Das hat dann bei mir klick gemacht: Ich gebe eigentlich dem Virus die Macht, die früher mein Ex-Mann über mich hatte. Dann habe ich mit einer Therapie begonnen. Diese Therapie mache ich seit fünfeinhalb Jahren regelmäßig. Meine Werte sind nicht berauschend, aber ganz okay. Es geht mir gut. Ich lebe.

Seit ihrer Diagnose engagiert sich Wiltrut Stefanek auch in der Selbsthilfe für Menschen mit HIV/AIDS. Sie arbeitet im Vorfeld der Internationalen AIDS Konferenz mit, die 2010 in Wien stattfinden wird.

Stimmt es, dass Ihr Freund Sie gerne heiraten würde?

Ja. Er hat mich schon drei Mal gefragt. Meine Antwort ist, nein. Für mich persönlich würde sich durch eine Heirat so viel ändern. Ich würde mich eingesperrt fühlen. Ich bin gebrannt durch meine Ehe. Ich möchte nicht riskieren, dass das kaputt geht, was zwischen

uns da ist. Wir gehören zusammen, doch dafür brauche ich keinen Ring.

Sehnsucht nach Romantik haben Sie auch nicht?

Nicht wirklich. Ich glaube, dass uns nur der Tod trennen wird. Das ist eine Beziehung, die Höhen und Tiefen aushält. Richard will mir beweisen, dass er öffentlich zu mir steht. Ich habe ihm gesagt, ich heirate nur, wenn ich eine Hochzeit habe, wie ich sie mir vorstelle.

Und wie wäre die?

Ein riesengroßes Fest, ein schönes Kleid, ein weißes, mit einer eingearbeiteten Red-Ribbon-Schleife*. Ich möchte alle, die ich kenne, einladen. Beim Standesamt würde ich nur eine Würstelbude mieten, aber bei der Kirche sollte es dann groß hergehen.

**Die rote Schleife ist ein weltweit getragenes Zeichen der Solidarität mit HIV-positiven Menschen.*

Haben Sie einen Rat für Menschen, die mit der Diagnose HIV-positiv konfrontiert sind?

Ich finde es ganz wichtig, dass man sich damit auseinandersetzt, egal wann, je früher, desto besser, dass man sich gut informiert über die eigene Krankheit. Und ganz wichtig ist, dass man lernt, sich selbst so zu akzeptieren, wie man ist. Dass man trotz allem ein liebenswerter Mensch ist. Dass man sich nicht selbst hasst bzw. verurteilt. Man muss sich mit der Infektion und mit der Krankheit zumindest mit Therapiebeginn auseinandersetzen. Je mehr man vorher gelöst hat, desto besser. Ich habe mich von Anfang an intensiv damit beschäftigt, und das hat mich stark gemacht. Ich habe gewusst, wenn ich das wegschiebe, gehe ich daran zugrunde.

Sie haben vom Leben schon ganz schön viel aufgepackt bekommen.

Ja, das stimmt schon. Wer kämpft, kann verlieren. Wer nicht kämpft, hat bereits verloren.

Von der Straße zurück ins Leben

Sonja Taubinger, 30, ist Witwe, lebt getrennt von ihren beiden Kindern, verbrachte viele Jahre auf der Straße und kämpft seit zwei Jahren gegen eine Krebserkrankung.

Sie ist 30 Jahre alt, hat kurze, schwarze Haare, und in dem Café, das wir als Treffpunkt vereinbart hatten, kennt man sie mit Namen. Sonja Taubinger ist bereit, mir aus ihrem schwierigen Leben zu erzählen. Der Krebs, an dem sie noch immer laboriert, ist nur eines von vielen Handicaps, mit denen sie umgehen muss. Aber fangen wir damit an, warum die geborene Waldviertlerin in Oberösterreich lebt.

Wie hat es Sie nach Linz verschlagen?
Zuerst wegen der Arbeit, und dann hat mich meine Mutter hinausgeworfen. Von heute auf morgen.

Warum das?
Es hat große Streitereien und Reibereien gegeben.

Ist das Verhältnis zur Mutter schwierig?
Ja, schon. Weil meine Kinder bei ihr aufwachsen. Ich habe ja zwei Kinder. Sonst hätten wir überhaupt keinen Kontakt mehr. Wir hatten länger als sechs Jahre keinen Kontakt. Jetzt durch meine Krankheit aber wieder.

Wie alt waren die Kinder damals?
Der Große war nicht ganz zwei, der Kleine nicht ganz ein Jahr.

Die Mutter hat einfach gesagt, verschwinde?
Mhm.

Und lass die Kinder da.
Ja, mehr oder weniger.

Und Sie haben das getan?
Mir ist nichts anderes übriggeblieben. Sie wollte mich zurück ins Jauregg* schicken, aber das hat mich nicht interessiert, denn ich habe gesagt, ich habe keine Depressionen. Ich bin auf Revers heimgegangen. Sie hat gesagt, wenn du nicht zurückgehst ins Jauregg, dann schleich dich. Das war zwar schwer, aber es ist so.
Am Anfang war es ganz hart. Ich habe nicht gewusst, wohin. Wie stellt man sich ein Geld auf, wo kann man billig essen gehen und so weiter. Das ist mir dann nach und nach gesagt worden.

**OÖ Landes-Nervenklinik Wagner-Jauregg*

Rosa centifolia

Erinnern Sie sich an den Tag, an dem Sie weggegangen sind?

Ich weiß nur, ich bin nach Linz ins nächstbeste Beisel und habe mich zugesoffen. Die ersten zwei, drei Nächte habe ich durchgemacht, habe tagsüber irgendwo auf einem Bankerl geschlafen. Aber das war auf Dauer nicht leistbar, so viel Geld hatte ich nicht. Dann habe ich in der Nacht auf Parkbänken geschlafen und mich tagsüber irgendwie durchgefrettet. Bis mir dann die Polizei gesagt hat, dass es die Notschlafstelle gibt. Da bin ich dann in die Notschlafstelle. Das hat mir aber nicht wirklich getaugt. So bin ich zu verschiedenen Leuten gezogen, die ich kennengelernt habe. Dann bin ich, ja, schnorren gegangen auf der Straße, damit ich genug Geld habe. Die Notschlafstelle kostet ja auch Geld. Dann habe ich schon die Sozialstellen gekannt, wo man billig essen gehen kann, damals noch um fünf Schilling. So kommt man halt durch. Aber es ist kein Leben. Dann habe ich die Kupfermucken* kennengelernt und den Trödlerladen**. Da bin ich dann Zeitungen verkaufen gegangen und hatte etwas Geld. Ich wollte auf keinen Fall auf ein Amt gehen. Irgendwann bin ich dann doch auf ein Arbeitsamt und auf ein Sozialamt gegangen, damit es mit dem Geld wieder gepasst hat.

**Die „Kupfermucken“ ist eine Straßenzeitung, die von Wohnungslosen gestaltet wird. Der Verein „Arge für Obdachlose“ ist Herausgeber der Zeitung und betreut in Linz weitere Projekte für obdachlose Menschen, unter anderen den **Trödlerladen, der Secondhandwaren verkauft.*

Sonja Taubinger wird mit ihren beiden Kindern noch während ihrer Lehre als Einzelhandelskauffrau schwanger. Sie kann die Lehre beenden. Die Beziehung zum Vater der Kinder scheitert relativ schnell. Nach dem Hinauswurf aus dem elterlichen Haus sieht Sonja ihre beiden Buben Dominik und Raffael ein ganzes Jahr lang nicht. Nach einer kurzen Phase des Kontaktes herrscht aber nach dem Tod ihres Vaters wieder sechs Jahre Funkstille zwischen ihrer Mutter, ihren Kindern und ihr. Seit etwa einem Jahr telefoniert Sonja ab und zu mit den Buben, die im Waldviertel leben. Gelegentlich sieht sie die beiden auch. Sie seien „wie Buben halt sind“, aber im Vergleich zu den Stadtkindern „Engerl“.

Wann sind Sie krank geworden?

Voriges Jahr im April bekam ich die Diagnose Krebs. Es begann im September 2007. Da hatte ich immer Kopf- und Ohrenweh und wurde dann in den Ohren operiert. Ich habe gedacht, es wird besser. Das war aber nur momentan. Zuerst hatte ich keine Zeit, weil ich nebenbei arbeiten gegangen bin und meinen Mann im Spital hatte. Dann habe ich einfach einen Abstand gehalten von den Krankenhäusern, weil mein Mann im Spital gestorben ist. Doch dann waren die Nebenhöhlen so zu, dass ich wieder ins Krankenhaus gegangen bin. Sie haben mich gleich behalten. Es wurden Lymphdrüsenkrebs und ein Karzinom festgestellt.

Wo ist das Karzinom?

Das sitzt direkt in der rechten Gesichtshälfte. Es ist größtenteils schon zurückgegangen durch die Chemotherapien und Bestrahlungen. Jetzt habe ich, Gott sei Dank, keine Schmerzpumpe und keine Magensonde mehr.* Aber ich muss trotzdem noch Morphium nehmen und habe Astronautenkost. Langsam wird das Essen wieder, aber es dauert.

**Sonja wird von einem mobilen Hospizteam der Caritas betreut, das sie in der Behandlung, aber auch in Alltagsfragen unterstützt.*

Wie ist die Prognose momentan?

Die ist sehr gut. Sie sagen, es ist rückläufig. Es wird wieder. Alle drei Monate muss ich zur Kontrolle und da heißt es immer, es wird besser.

Wie war das, auch noch an Krebs zu erkranken?

Hart. Weil mein Mann kurz vorher gestorben ist, war das psychisch ein gescheiter Tiefschlag. Aber ich habe einige gute Freunde, die mir da mehr oder weniger durchgeholfen haben. Sie haben mit mir viel geredet, mich im Krankenhaus besucht und mir besorgt, was ich gebraucht habe.

Haben Sie in der Zeit einmal gefürchtet, Sie könnten sterben?
Eigentlich nicht. Am Anfang war es ein Schock, aber ans Sterben habe ich nie gedacht.

Weil Sie das Gefühl hatten, Sie sind noch zu jung?
Ich habe mir gedacht, warum schon wieder ich? Dann habe ich mir gedacht, das geht schon wieder vorbei, das war jetzt der letzte Tiefschlag, jetzt muss es wieder bergauf gehen.

Haben Sie das Gefühl, dass es wieder bergauf geht?
Ja. Ich war am Ende der Therapien wirklich ganz unten. Ich konnte tagelang nicht aufstehen, weil es mir so dreckig gegangen ist. Aber ich habe mich wieder aufgerappelt. Ich habe gesagt, es muss wieder werden. Es geht ja gar nicht anders. Wenn ich jetzt nicht auf die Füße komme, dann wird es nie wieder etwas.

Sie haben schon viel erlebt für Ihre dreißig Jahre.
Sehr viel, da könnte ich ein Buch darüber schreiben.

Was waren die schwierigsten Zeiten?
Das vergangene Jahr war ziemlich schwer. Zuerst das Alleinsein, dann die Erkrankung dazu. Aber auch das erste Jahr auf der Straße war ein ziemlich schwieriges Jahr, ich habe keinen gekannt und bin größtenteils ausgenützt worden.

Wie wird man da ausgenützt?
Geh gib mir, geh leih mir, ja, und dadurch, dass es sehr wenig Frauen auf der Straße gibt, glauben die Männer, wir sind Freiwild.

Man wird bedrängt.
Ja.

Wird man zur Prostitution genötigt?
Nein. Nur wenn es sich eine wirklich gefallen lässt. Mich hätte da nie jemand angeredet und wenn, hätte ich nein gesagt. Da hätte es eine Anzeige gegeben. Ich habe in den elf Jahren gelernt, dass man sich nichts gefallen lassen darf, schon gar nicht von einem Mann. Weil auf der Straße Männerüberschuss ist, muss man sich als Frau entweder ständig verstecken vor den Männern oder man kämpft gegen sie an und lässt sich nichts gefallen.

Wie geht das, sich nichts gefallen zu lassen?
Ein resolutes Auftreten, und wenn einer blöd redet, gleich Vollgas dagegenreden.

In den ersten Monaten ihrer „gestrandeten" Existenz versucht Sonja noch, Arbeit zu finden. Doch alle Versuche scheitern, letztlich an der fehlenden Meldeadresse. Jemand, der in der Notschlafstelle gemeldet ist, gilt, sagt Sonja, als „unzuverlässig, als Säufer, unhygienisch und was weiß ich noch alles". Schließlich resigniert sie, hilft gelegentlich gegen ein Taschengeld in einer Suppenküche aus und verkauft die „Kupfermucken", um ein paar Cent mehr zu haben. Sie lebt von einem Tag auf den anderen. Auf der Straße lernt sie dann auch ihren späteren Mann kennen, Karl, 28 Jahre älter als sie.

Was hat Ihnen an Ihrem Mann gefallen?
Der Karl war keine Schönheit, aber er war ein zuverlässiger Mensch, obwohl er getrunken hat. Er hatte eine Ausstrahlung, die ich nicht benennen kann, aber die für mich besonders war. Wir waren fast neun Jahre beisammen.

Sie haben sich auf der Straße kennengelernt und miteinander auf der Straße gelebt.
Wir waren in der Notschlafstelle und sind dann ins B37 gezogen, ein Heim in Linz, das wohnungslose Menschen beherbergt. Dann haben wir eine Wohnung bekommen. Aber da sind wir gescheitert. Zu 75 Prozent war's das Geld, zu 20 Prozent der Alkohol und

fünf Prozent einfach, weil wir die Wohnung zu schnell genommen haben. Es war nicht das Wahre.

Wieso haben Sie ihn geheiratet?
Weil ich ihn geliebt habe.

Was ändert das Heiraten?
Gar nichts. Nur, es heißt halt, dass wir fix zusammengehören.

Es ist ungewöhnlich, wenn beide sich auf diese Art kennenlernen.
Das kommt sehr selten vor.

Wenn man ein solches Leben hat wie Sie, wird man da hart?
Ja, schon. Man wird schon sehr hart, eigentlich. Sonst würde man es gar nicht schaffen. Sonst haut man sich irgendwann vor den Zug oder springt in die Donau.

Gab es diese Phasen, wo Sie gedacht haben, jetzt mache ich Schluss?
Nein.

Warum nicht?
Trotz allem. Da hänge ich zu sehr an meinem Leben, dass ich sagen würde, so und jetzt ist es aus.

Woran hängen Sie?
Ich habe einen Lebenswillen, sage ich einmal. Weil es immer wieder weitergeht. Irgendwie geht es immer wieder weiter. Und da sage ich, warum soll ich aufgeben. Irgendwann wird es mit den Kindern wieder komplett passen. Irgendwann haben sie ein Auto und einen Führerschein, dass sie mich dann besuchen kommen, vielleicht. Da habe ich dann währenddessen sicher eine Wohnung. Dann kann ihnen meine Mutter auch nicht mehr so viel dreinreden. Das ist schon einmal ein Grund, dass ich sage, ja. Es dauert zwar noch ein paar Jahre, aber das geht auch vorbei. Zumindest ist der Kontakt wieder da. Es waren eh sechs harte Jahre.

Denkt man da jeden Tag an seine Kinder?
Vielleicht nicht alle Tage, aber zumindest jeden zweiten Tag.

Und welche Träume gibt es?
Dass ich aus dem B37 bald ausziehen kann. Ich habe eh schon alles in die Wege geleitet.

Träumen Sie von einer eigenen Wohnung?
Ja, und dass ich wieder ganz gesund bin und eine Arbeit bekomme.

Welche Arbeit wünschen Sie sich?
Am Anfang würde ich sagen Teilzeit. Verkauf, was ich gelernt habe, das wäre am schönsten. Vielleicht in einer Bäckerei, wo ich gelernt habe, oder bei einem Fleischhauer.

Und die Kinder?
Solange sie noch in die Schule gehen und wenn sie dann einen Beruf lernen, sollen sie bei meiner Mutter bleiben. Dort ist es doch sicherer.

Haben Sie das Gefühl, Sie könnten sich nicht ausreichend um die Kinder kümmern?
Ja. Weil ich jetzt auch nicht weiß, wie es weitergeht. Kommt er zurück, der Krebs, man weiß es ja nicht. Ich sage, ich brauche eine fixe Arbeit. In dem Alter, in dem die Buben jetzt sind, ist es doch auf dem Land gescheiter.

Wenn man schon so viel erlebt hat wie Sie, was macht das Leben schön?
Kleine Überraschungen machen das Leben immer wieder schön, und auch, wenn man sich ein Ziel setzt, und das erreicht.

Freuen Sie sich schon, wenn Sie wieder richtig essen können? Was wäre das erste, das Sie gerne essen würden?
Ein guter Schweinsbraten. Den koche ich mir selbst.

Ich tröste mich selbst

Gerhard Tötschinger, 62, Schauspieler, Theaterdirektor, Unterhaltungsprofi, fehlt seit einer Amputation ein Teil des Unterschenkels.

Reha-Zentrum Weißer Hof in Klosterneuburg, Treffpunkt Kantine. Gerhard Tötschinger sitzt im Rollstuhl an einem Tisch. Schwarz gekleidet, ein großer Mann, das Haar elegant frisiert, der Bart exakt geschnitten, das linke Bein endet knapp unterhalb des Knies, Unterschenkel und Fuß fehlen. Diese Kantine ist ein etwas trostloser Ort, mitten im Gang, ein Getränkekühlschrank surrt im Hintergrund. Nebenan einige Tischtennistische, mit einem grünen Netz vom Kantinenbereich getrennt, klack, klack, die Bälle fliegen hin und her. Gerhard Tötschinger hat einen Kaffee bestellt und isst dazu Kuchen. Wann immer jemand vorbeigeht, grüßt er freundlich. Der ehemalige Direktor des Hauses nutzt die Gunst der Stunde, um Tötschinger als Vortragenden für die nächste Weihnachtsfeier zu gewinnen. Es geht im gut, sagt er. Eigentlich sollte er schon längst wieder daheim sein, Lesungen halten, auf Bühnen vortragen. Doch ein Materialfehler setzte die bereits angepasste Beinprothese außer Betrieb. Gerhard Tötschinger wartet, schon etwas ungeduldig, auf ihre Reparatur.

Das Bein ist in der Mitte des Unterschenkels abgenommen worden. Wie ist das Empfinden?

Es ist eigenartig. Ich habe das Glück, dass mir nichts weh tut.

War das immer so?

Das ist eine Veranlagungssache, da kann man Glück haben oder auch nicht. Ich bin eigentlich wehleidig, wie alle Menschen. Aber noch eigentlicher glauben die Menschen im Spital, dass ich kein Mensch bin, weil ich keine Schmerzen habe. Ich bin aber so erzogen. Wenn mein Großvater zum Zahnarzt gegangen ist, war nicht einmal die Rede von Zurückzucken oder dergleichen. Mein Vater, der in Stalingrad war und ein Bein verloren hat, hatte natürlich Phantomschmerzen, sagte es aber nicht. Im Spital meinten sie, sie müssten mich untersuchen, denn ich hätte eine Schmerzunempfindlichkeit. Ich sage: „Wieso? Mir tut es schon weh, aber was soll ich machen? Das ist Ihre Arbeit, soll ich da quietschen auch noch?" Das ist doch lächerlich. In dem Fall habe ich aber wirklich keine Schmerzen. Ich hatte vorher immer wieder einen geschwollenen Fuß. Die Schmerzen waren nicht einmal so arg. Ärgerlich war nur, dass ich an manchen Tagen nicht in den Schuh hineingekommen bin. Wenn ich bei Vorträgen auf einer Bühne saß und wusste, ich habe so einen geschwollenen Fuß, hatte ich immer das Gefühl, die Menschen hören mir nicht richtig zu, die denken nur dran, warum hat der so einen geschwollenen Fuß? Das war sehr lästig. Vor

allem hatte ich im Winter eine nicht erkannte Blutvergiftung. Die Fachleute haben gesagt, das sei eine Grippe, und am sechsten oder siebten Tag dieser sogenannten Grippe konnte ich in der Früh nicht mehr aufstehen. Ich habe versucht, aus dem Bett zu kommen, bin am Boden gekniet und auch nicht mehr rein gekommen. Dann habe ich durch die Wohnung nach Christiane* gerufen, die mich Gott sei Dank gehört hat. Sie hat die Rettung gerufen, die hat mich ins AKH gefahren. Das war um 9 Uhr früh, zu Mittag um 1 Uhr war mein Fuß weg. Ich war zu diesem Zeitpunkt 62,5 Jahre alt. 62,5 Jahre war ich ganz, jetzt bin ich halt nimmer ganz. Dafür habe ich nicht mehr das Problem, dass mir der Fuß anschwillt und ich nicht richtig gehen kann.

**Christiane Hörbiger, seine Lebensgefährtin*

Der eigentliche Anlass für die Amputation war die Sepsis.
Ja, war die beginnende Blutvergiftung.

Das war für die Ärzte im AKH sofort klar?
Nein. Die Ärzte sind um mich herumgestanden, eine ganze Gruppe, und haben gesagt, es könnte sein, dass sie mir den Fuß abnehmen müssen, aber sie wissen es nicht sicher. Ich musste eine Erklärung unterschreiben, dass ich einverstanden bin. Es war nicht klar, was jetzt passiert. Dann bin ich viele Stunden später aus der Narkose erwacht und war meinen Fuß los.

Mussten Sie beim Unterschreiben dieser Erklärung nicht damit rechnen, dass das sein könnte?
Musste ich nicht.

Was überlegt man in einem solchen Moment?
Man glaubt, es wird nicht passieren. Man sagt, das wird schon gehen. Nachher haben mir die Ärzte den Verlauf der Operation beschrieben. Natürlich ist es mir zuwider, dass ich auf eine Prothese warten muss, dass ich hier über die Gänge rollen muss, natürlich ist mir vieles zuwider, ist ja klar, aber ich habe nicht einen Moment daran gezweifelt, dass die Amputation richtig war. Wenn ich gesagt hätte, ich riskiere, das Bein zu erhalten, wäre ich gestorben. Was für mich ziemlich egal wäre, weil ich kein Problem damit habe. Aber es wäre mir nicht egal für meine alte Mutter, für meine Frau, es wäre mir auch nicht egal, dass ich dann für meinen Stiefenkel kein brauchbarer Großvater sein kann, was ich jetzt sehr bin.

In dem Moment haben Sie sich aber mit niemandem von Ihren Angehörigen beraten können?
Mit absolut niemandem. Christiane stand neben mir, als ich das unterschrieben habe. Die Ärzte machen das ja auch nicht zum Spaß. Sie konnten sich, vor allem in meinem Fall, ja denken, dass das, wenn das ein Blödsinn wäre, was sie da machen, ein bisschen mehr Wind gemacht hätte als bei Hinz und Kunz. Dieses Grippevirus und die beginnende Blutvergiftung haben mein komplettes System außer Kraft gesetzt. Meine Niere funktionierte während der Operation nur mehr zu einem Prozent. Ich war durch dieses Virus für einige Tage Diabetiker, das Herz machte Probleme, die Bronchien waren kaputt, die Lunge war angegriffen.

Waren Sie auf der Intensivstation?
Ja.

Als Gerhard Tötschinger langsam wieder aus der Narkose erwacht, sammelt sich die ganze Familie um ihn. Seine „Sippe", wie er das nennt, und die „Hörbigerischen". Deren Wertschätzung und die vielen Freunde, die ihn besuchen, ob Heinz Holecek oder Harald Serafin, ob Georg Marcus oder Roland Ertl, der ehemalige Generalstabschef des österreichischen Bundesheeres, holen ihn rasch ins Leben zurück. Nicht ohne Stolz erzählt Tötschinger von der Treue vieler Freunde und den kleinen Aufmerksamkeiten, die ihn freuen.

Jetzt haben Sie das, was Ihr Vater als Kriegsverletzung davongetragen hat, als Zivilverletzung.
Als Friedensverletzung! Aber lange nicht so arg. Der Vater hatte vom Oberschenkel an kein Bein.

Das ist eine eigenartige Parallele.
Ja, es ist wirklich eigenartig. Der Vater sprach nicht gern darüber. Es ist eine eigenartige Parallele, aber wissen Sie, ich bin nach dem Krieg geboren, und zu der Zeit waren es Hunderttausende, die nur einen Arm hatten oder nur einen Fuß.

Haben Sie Ihren Vater als behindert empfunden?
All diese Leute habe ich natürlich als behindert empfunden. Ich habe gewusst, da ist etwas nicht in Ordnung. Die Parallele zu meinem Vater ist nicht so groß wie sie scheint. Der Vater musste allmorgendlich seine Prothese anziehen, die technisch nicht das war, was es jetzt gibt, und hatte es sicher viel schwerer, als ich es jetzt habe.

Wie hat sich die Versehrtheit bei Ihrem Vater psychisch ausgewirkt?
Der Vater war der Inbegriff von streng. Er war aber der Sohn einer Mutter, die hochschwanger war, als ihr Mann starb. Sie war eine ungemein gebildete und interessante Frau, mit einer wunderbaren Sprache, aber auch streng, streng, streng, gegen sich selbst, aber auch gegen ihre Umwelt. So ist der Vater aufgewachsen. Dann kam er mit 14 auf die Militärschule, war dann Offizier und flog in Stalingrad in die Luft. Natürlich war der streng, aber nicht wegen dieses Beins. Der Vater konnte ungeheuer lustig sein. Der Vater wäre nicht so aktiv gewesen, wenn er einen schweren psychischen Schaden davongetragen hätte. Nachdem er den Offiziersberuf nicht mehr ausüben konnte, wurde er Diplomkaufmann, dann Doktor, hatte eine eigene Firma, war zuletzt Direktor bei Gräf und Stift und machte mit 60 seinen zweiten Doktor, Doktor iuris.

Gerhard Tötschinger schlägt einen ganz anderen beruflichen Weg ein als sein Vater. Die Bühne wird sein Metier. Gerhard Tötschinger ist zahllose Male Intendant von Schauspielen, spielt selbst viele Rollen, rezitiert und inszeniert viele Feste für Prominente und Freunde. Ein aktiver Mensch, mit vielen befreundet, mit seiner markanten Stimme unverwechselbar. Gerhard Tötschinger moderiert beliebte Fernsehsendungen wie den „Quiz in Rot-Weiß-Rot", dreht Filme und schreibt zahlreiche Bücher.

Sie sind gern aktiv und finden sich jetzt in einer ganz anderen Rolle wieder, nämlich der, Hilfe in Anspruch nehmen zu müssen.
Da haben Sie vollkommen recht. Das ist ein komisches Gefühl. Ich habe schon ein paar Gedanken dazu. Ich habe ein paar Mal den Vorwurf bekommen, dass ich immer alles selbst und allein machen will. Einer hat zu mir gesagt: „Wenn du dir nicht helfen lässt, lass ich mir von dir das nächste Mal auch nicht helfen."

Auf eigenen Beinen zu stehen, ist sprichwörtlich etwas sehr Wichtiges. Und dann erlebt man nach einer solchen Operation, man kann nicht auf eigenen Beinen stehen. Ist das ist ein massiver Einschnitt für den Selbstwert?
Unglaublich, selbstverständlich. Ich kann es nicht rückgängig machen, nicht ändern, ich kann überhaupt nichts machen. Nur mit dem Gedanken, die Alternative wäre gewesen, dass ich tot bin, und da hätten mir meine Leute leid getan, rückt sich das wieder ein bisschen gerade. Aber es hat noch mehr Aspekte, dieses Nicht-Vollständigsein. Mich erwischt es an einer für mich eminent wichtigen Stelle, der Stimme. Durch dieses dauernde Sitzen bin ich immer leicht heiser. Das habe ich beobachtet und daraufhin meine ganze Technik eingesetzt. Da bin ich ein bisschen König. Ich habe das einst viele Jahre gelernt bei einem absoluten Genie des Atmens und Sprechens, bei Zdenko Kestranek. Das war der erste Sprechlehrer, den Max Reinhardt ans Reinhardt-Seminar geholt hat. Ich habe von ihm technisch Unglaubliches gelernt, aber ich habe nie die Erfahrung gehabt,

wie das ist, wenn ich monatelang im Bett liege und mir die Stütze fehlt. Ich kann mich nur mit dem rechten Fuß erden, aber links – nichts. In dem Moment, wo ich die Prothese habe, kann ich wieder trainieren. Jetzt ist die Stimme immer leicht angeknackst. Das sind Dinge, die mich unglaublich bedrücken, beeinträchtigen, die für mich furchtbar unangenehm sind, denn meine Stimme ist ein Teil von mir. Wenn ich ständig dieses Gefühl von Heiserkeit habe, bin ich nicht sicher, ob ich mich im Griff habe. Das hasse ich.

Von wem konnten Sie Hilfe gut annehmen?

Mittlerweile von allen, das habe ich gelernt. Meine Christiane ist sehr oft bei mir, und viele, viele, die zum Teil etwas zurückfließen lassen, das sie schon einmal bekommen haben.

In Ihrer Situation wäre eine Depression eine logische psychische Folge.

Ja, wäre eine logische Folge. Ich war so viel, unglaublich viel allein als Kind, nach der Scheidung meiner Eltern, war jahrelang im Internat, und wenn ich nicht nach Hause fahren durfte, habe ich mich im WC eingesperrt und dort geweint. Und ich habe richtig Systeme gesucht, die mir helfen. Aus der Vielzahl von Philosophie, die man in der Schule gelernt hat, und was man sich dann selbst baut, habe ich mir eklektisch etwas zusammengebastelt, das belastbar ist.

Wie funktioniert bei Ihnen der Mechanismus, dass Ihnen die Philosophie nützt?

Das ist zu kompliziert, als dass ich Ihnen das jetzt innerhalb von 20 Minuten erklären könnte.

Sie können umschalten auf eine intellektuelle Bewältigung von Leid?

Ja, das ist, was sich so nach und nach in mir agglomeriert hat. Ich habe gewusst, ich muss etwas suchen, das quasi auf Knopfdruck funktioniert, sonst hat es ja keinen Sinn. Wenn das Schicksal klick macht, muss es da oben klack machen. Mir hat meine Philosophie ungeheuer geholfen. Die besteht in erster Linie aus dem Christentum – ich bin gern katholisch. Dann aus dem Chassidischen Judentum, das dem Christentum sehr verwandt ist, die Freude am Dasein. Christus war eigentlich ein chassidischer Weiser, tanzend, singend, blödelnd, Wein trinkend, Gott verehrend. Von so etwas angefangen bis zu Diogenes, Sokrates, viel Platon, habe ich mir das aufgebaut.

Wie funktioniert das Klack bei Ihnen? Ist das ein Satz, ein Bild, eine Erklärung?

Das ist die Quintessenz einer Bibliothek. Ich versuche, mir Bilder zu schaffen.

Am Beispiel seiner Vorliebe für alles, was mit Italien zu tun hat, illustriert Gerhard Tötschinger sein System. In unangenehmen Situationen könne er sich mittlerweile in Sekundenschnelle in eine „Italianitá" hineindenken, mit Wein, Bar und Meer. Als er nach zwei Monaten erneut operiert werden sollte, weil noch Keime im verbliebenen Beinstumpf waren, verließ ihn kurz seine philosophische Zuversicht. Die Aussicht auf einen qualvollen Tod ließ ihn aber dennoch rasch entscheiden. Die Operation fand statt.

Sie haben betont, dass Sie keine Angst vor dem Tod haben. Woher kommt das?

Aus reiner Philosophie. Ich habe Angst vor dem Schmerz, aber keine Angst vor dem Tod. Ich kenne einen einzigen Fall, der sich mit meinem vergleichen lässt: Ich habe die Neugier des Faust*. Ich bin so neugierig, wie es weitergeht. Faust kommt im Denken nicht weiter und kann bestimmte Dinge nicht lösen. Er beschließt, sich umzubringen, um weiterzukommen. Er nimmt eine Phiole, in der er sein Gift hat. Während er gerade beginnen will, holt ihn der Glaube ein, und die Osterglocken läuten. Das macht ihm dann doch Gedanken, dass man das nicht soll. Und zum Schluss heißt es: Die Träne quillt, die Erde hat mich wieder. Ich habe rudelweise merkwürdige Tote in der Verwandtschaft.

Verwandte, die als Täter des 20. Juli 1944 hingerichtet wurden, dann den Gerold von Braunmühl, einen Vetter von mir, die rechte Hand von Außenminister Genscher, den die RAF** in Bonn vor seinem Wohnhaus erschossen hat. Das habe ich alles, aber Selbstmörder habe ich keine. Und ich habe überhaupt keinen Sinn dafür, hingegen eine riesige Neugier, wie es weitergeht. Und das ist der einzige Grund für Selbstmord, den ich akzeptiere.

**Dr. Faust, Titelfigur des gleichnamigen Dramas von Johann Wolfgang von Goethe*

***RAF: Rote Armee Fraktion, eine linksextremistische, terroristische Vereinigung in Deutschland von 1970–1998*

Haben Sie einmal gehadert, warum passiert mir das?
Ja, habe ich. Und zwar aus einem ganz konkreten Grund. Ich bin mir im Klaren darüber, dass der liebe Gott nicht an einem Kartenspieltisch sitzt und sagt, Tötschinger, der linke Fuß, verloren. Das ist ihm ziemlich egal. Aber, wenn es denn so etwas gibt wie die vielen Patrone für alles Mögliche, dann habe ich Grund zum Hadern.

Amüsant und pointenreich erzählt Gerhard Tötschinger von seinem denkmalschützerischen Einsatz für die Peregrin-Kapelle in der Wiener Servitenkirche, just zu der Zeit, als sein Fuß ständig geschwollen war. Peregrin, der Schutzpatron der Fußmaroden, wurde der Legende nach mit Engelskraft von seinen Fußleiden geheilt.

Der Heilige Peregrin hat bei Ihnen aber kläglich versagt.
Mir hat schon der Fuß wehgetan, und auf einmal ist mir der heilige Peregrin eingefallen. Hallo, Moment, Moment, ich plage mich da mit deiner Kapelle und schaffe das Geld heran, und du machst nichts? Das war noch Spaß am Anfang. Als mein Fuß weg war, habe ich beschlossen, ich pfeife auf den Peregrin. Er kann mich gern haben. Zwischen mir und Peregrin ist das Tischtuch zerschnitten.

Und dazu lacht er. Ehe er zur Prothesenanprobe davonrollt, erzählt er mir noch einen Venedig-Witz aus seinem neuen Buch. Am Sonntag will er mit Freunden zum Heurigen. Man darf sich sicher sein, dass er auch solche Strecken bald wieder tadellos gehen wird.

Ich habe mein Leben nicht geplant

Olcay Yaranci, 37, Magistratsbeamtin, erkrankte in ihrem neunten Lebensmonat an Kinderlähmung.

Olcay Yaranci steigt das Treppenhaus in den 3. Stock des alten Wiener Mietshauses zu Fuß hinauf. Einen Lift gibt es nicht. Das füllige, lockige Haar hat Olcay mit einem Tuch zurückgebunden. Ihre Füße stecken in orthopädischen Schuhen, ihre Hüfte gibt bei jedem Schritt etwas nach. In ihrer Wohnung angekommen, lehnt sie die Krücken an die Wand und lässt sich am Küchentisch nieder. Olcays Ehemann Gerald, ein geborener Wiener, macht Kaffee. Zwei kleine Zebrafinken fliegen aufgeregt zwitschernd durch die kleine Wohnung. Olcay lacht. Sie amüsiert sich über die turtelnden Mitbewohner. Ob sie eine Erinnerung an ihre Heimat sind?

Olcay wurde in Antiochia in der Südosttürkei geboren. Nach drei Schwestern und sechs Brüdern ist sie die jüngste in der Kinderschar. Im Alter von neun Monaten erkrankt Olcay an Kinderlähmung. Sie verbringt einen Gutteil ihrer Kindheit auf dem Boden, steckt sich die Hausschuhe an die Hände und zieht die schwachen Beine einfach nach. „Ich wollte schöne Hände haben und mit ihnen schreiben können", erzählt sie. Olcay wächst behütet auf, ist aber immer für Überraschungen gut. 1999 entschließt sie sich nahezu spontan, zum Studium nach Wien zu gehen. Eine Freundin, die sie in Antiochia kennengelernt hatte, organisiert für sie eine Studienberechtigung an der Universität für Bodenkultur. Olcays Familie hat allerdings kein Geld, um die Reise der Jüngsten zu finanzieren. „Olcay, willst du wirklich gehen?", fragt schließlich die ältere Schwester, und Olcay meint: „Ja, ich will es versuchen." Daraufhin legt die Schwester ein Bündel Geld auf den Tisch und meint: „Du kannst gehen". Olcays Schwester hatte ihre Goldkette verkauft und damit das gegeben, was sie für ihr Begräbnis angespart hatte. „Irgendwann, wenn du Geld verdienst und ich sterbe, gibst du jedem Geschwister eine Kette als Geschenk von mir zurück." Dieses Versprechen hat Olcay noch nicht eingelöst.

In Wien findet die Muslima Aufnahme in einem katholischen Pfarrhaus – so selbstverständlich, wie schon Jahre zuvor ein katholischer Geistlicher ihre Operation am kranken Bein in der Türkei finanziert hat. Leider blieb die Operation ohne Erfolg. Die Verlängerung des Beines um nahezu elf Zentimeter befreite Olcay nicht von den ungeliebten Krücken.

In Wien inskribiert Olcay Forst- und Waldwirtschaft. Das Studium fasziniert sie: „Ich hatte das Gefühl, dass Holz wie ein Mensch atmen kann." Aber ohne Stipendium und ohne Arbeit ist an kein Weiterkommen zu denken. Olcay jobbt nebenher. Aus dem Traum Ordinationsgehilfin zu werden, wird nichts, sie nimmt schließlich eine Arbeit beim Magis-

trat der Stadt Wien an. Sie ist nun schon mehrere Jahre in der Einwanderungsbehörde tätig und unterstützt türkischstämmige Mitbürger.

Was interessiert Sie an den Menschen?
Die innere Stimme. Was sie denken, was sie machen, warum sie da sind. Oder wenn jemand Österreicher ist, mit welchen Augen er die anderen sieht. Ich mag die Menschen.

Bekommen Sie etwas zurück von den Menschen?
Ich warte nicht darauf. Es ist wichtig, was ich den Menschen gebe. Irgendwann wird es zurückkommen, nicht zu mir, aber in ihren Leben, und das ist wichtig. Ich habe in meinem Leben einiges erlebt, das ich den Leuten schenken kann. Mein Leben ist ein Kampf.

Ihr Leben ist ein Kampf oder das Leben ist ein Kampf?
Das Leben.

Ist das eine Erfahrung, die Sie gemacht haben?
Natürlich, als Behinderte müssen Sie überall doppelt kämpfen.

Ist das ein Kampf gegen oder für etwas?
Für etwas.

Wofür kämpft man?
Für Gerechtigkeit. Das ist wichtig. Man muss nicht Waffen nehmen, es gibt verschiedene Kampfarten, und meine Art ist diese.

Werden Sie als Frau mit einer Behinderung nicht gerecht behandelt?
Nicht gerecht – das könnte ich nicht sagen. Andere helfen manchmal nur, weil der Mensch behindert ist. Sie denken nicht daran, dass der Mensch sehr viele Schätze in sich hat. Meist sieht man nur, dass der Mensch behindert ist.

Das schiebt sich in der Wahrnehmung immer in den Vordergrund.
Ja. Als ich drei Jahre alt war, konnte ich schon schreiben und lesen. Ich habe immer gelesen und Briefe geschrieben. Ich habe Krücken gehasst.

Können Sie ohne Krücken gehen?
Ja, ich habe eine Prothese, damit kann ich ohne Krücken gehen. Auf der Straße habe ich aber Angst ohne Krücken. Im öffentlichen Verkehr sind die Leute ungeduldig.

Wurden Sie umgestoßen?
Ja, schon. In der Straßenbahn wollte ich mich niedersetzen, die Straßenbahn fuhr aber schon an, und ich landete auf dem Schoß eines alten Mannes. Er sagte: „Herzlich willkommen, Hübsche, aber ich bin schon zu alt!" Als ich nach Wien kam, wollte ich mich in der Straßenbahn nicht niedersetzen, weil Stehen für mich sicherer ist. Ein alter Mann bot mir seinen Platz an, und ich sagte, nein, danke. Er war deswegen so wütend, dass er sagte, er verstehe, warum im Nationalsozialismus so viele Behinderte umgebracht worden sind.

Wenn Sie so behandelt werden, werden Sie da nicht depressiv?
Nein, ich werde kämpferisch.

Ohne Rachegefühle?
Meine Rachegefühle waren immer, dass ich mir gesagt habe, ich werde alles schaffen, und dann werden sie sehen, wer ich bin.

Wie ist man in Ihrer Familie mit der Behinderung umgegangen?
Ich war ein sehr schwieriges Kind für meine Familie. Ich habe meiner Mutter und meinen Schwestern das Leben zur Hölle gemacht.

Warum?

Ohne Krücken konnte ich nicht laufen. Meine Mutter musste manchmal einkaufen gehen und hatte dann nur zwei Möglichkeiten: Entweder nimmt sie mich mit oder sie lässt mich zu Hause. Ich habe so gut verstanden, womit ich meine Mutter verletzen konnte. Wenn sie mich zu Hause lassen wollte, habe ich mein behindertes Bein genommen und es gegen die Wand geschlagen. Ich habe geweint. Meine Mutter musste mich dann mitnehmen. Sie musste mich auf dem Rücken tragen, weil wir noch kein Auto hatten.

In Österreich haben sich Eltern sehr lange für ein behindertes Kind geniert. Wie war das bei Ihrer Mutter?

Dieses Gefühl hat sie mir nie gegeben. Sie hat gesagt, manchmal kann man etwas nicht erklären, Gott wollte das, und du musst das akzeptieren. Ich habe immer gesagt, das ist dein Gott und nicht mein Gott.

War als Kind schon eine Rebellion gegen diese Behinderung da?

Ich war immer rebellisch. Ich habe wirklich eine wunderbare Familie. Meine ganze Kraft kommt von meiner Familie. Zum Beispiel habe ich gesagt, ich kann nicht mit dem Bus fahren. Dann hat meine Schwester gesagt, gut, wir fahren zusammen. Ich hatte Angst, ob ich aufstehen und aussteigen kann. Ich dachte, ich kann es nicht, ich bin behindert. Meine Schwester ist dann einfach aufgestanden und ausgestiegen. Ich bin allein zurückgeblieben, weil ich keine Kraft hatte aufzustehen. Sie hat das bewusst gemacht. Ich war sehr wütend auf meine Schwester. Der Bus fuhr drei Stunden durch die Stadt, und ich hatte keine Kraft aufzustehen. Ich habe nur geweint. Dann habe ich jemanden um Hilfe gebeten, und ich konnte aussteigen.

War die Absicht Ihrer Schwester, dass Sie lernen, um Hilfe zu bitten?

Ja, sie hat gewusst, an welcher Haltestelle ich aussteigen muss, und hat dort auf mich gewartet. Sie hat gesagt, Olcay, du jammerst immer. Glaubst du, du bist behindert? Ich habe nur geweint und gesagt, ich hasse dich, du bist nicht mehr meine Schwester. Sie hat gesagt, mir ist egal, was du sagst. Wenn du glaubst, du spielst mit meinem Gefühlen wegen deiner Behinderung, wirst du bei mir nie etwas erreichen. Du bist nicht behindert.

Ein zweites Beispiel. Als ich im Gymnasium war, war mein Bruder in einer Musikgruppe. Er hat gesagt, er macht ein Konzert, und wir beide werden gemeinsam singen. Ich habe gesagt, nein, denn es werden viele Leute dorthin kommen. Er hat gesagt, wir werden das Licht so setzen, dass du die Leute nicht siehst. Also ging ich mit ihm auf die Bühne, und es waren 2000 Leute im Publikum. Ich habe gesungen, und auf einmal ging das Licht an. Ich habe alles gesehen. Ich war so wütend auf ihn. Ich wusste ja nicht, wer dort ist und mich kennt. Sie haben sehr geklatscht und standen auf und jubelten. Ich aber war wütend, habe nichts gesagt und ging hinter die Bühne.

Was hat Sie so wütend gemacht?

Ich wollte niemanden sehen, denn ich bin behindert.

Was ist das Gefühl dahinter?

Ich wollte verwöhnt werden. Ich wollte einfach, dass sie sagen, Olcay, mach das nicht, setz dich her, du bist behindert.

Wirklich? Sie wirken doch, als ob Sie viel Energie haben?

Schon. Aber ich wollte die Leute damals einfach etwas ausnutzen.

Spätestens in Wien steht Olcay dann aber auf eigenen Beinen. Und sie ist abenteuerlustig. Eine Freundin aus Japan überredet sie, für mehrere Monate in ihre Heimat zu reisen und dort für Gäste türkisch und arabisch zu kochen. „Es gab immer Menschen in meinem Leben, die mir begegneten und mein Leben in besonderer Weise beeinflussten", erzählt Olcay. Vielen ist sie dafür dankbar, einer

Kollegin vom Magistrat, die in der Freizeit mit ihr für die Beamtendienstprüfung lernt, einem Freund, der ihr in der Not Geld geborgt hat.

Hat es in Ihrem Leben einen Punkt gegeben, wo Sie gedacht haben, ich schaffe es nicht mehr?

Schon. Ich war total verliebt, als ich hierher gekommen bin, und er wollte sich von mir trennen. Sein Vater hat gesagt, er würde diese Beziehung nicht erlauben, weil ich behindert bin. Da wollte ich nicht mehr leben. Aber das war falsch. Gott sei Dank ist die Beziehung auseinandergegangen. Jetzt weiß ich, dass meine Liebe Gerald ist.

Ich stelle es mir hart vor, wenn man verliebt ist und wegen der Behinderung abgelehnt wird.

Natürlich, denn ich habe ihn akzeptiert, wie er ist. Er hatte nur die Grundschule besucht und ich hatte die Universität angefangen. Ich hatte nicht damit gerechnet, dass seine Familie so wenig aufgeschlossen war. Wenn ich heute zurückdenke, meine ich, es war keine Liebe. Sonst hätte er dafür gekämpft.

Vielleicht war diese Liebe für Sie der Versuch, ein eigenständiges Leben zu führen?

Nein, ich hätte auch sonst selbstständig leben können. Ich bin oft erst spät nachts mit Freunden nach Hause gekommen. Die Nachbarn haben sich beschwert, aber mein Vater hat gesagt, jeder soll auf seinen eigenen Müll schauen. Er hat gesagt: „Ich weiß, dass ich diese Tochter habe, und ich bin stolz auf sie."

Er hatte also großes Vertrauen?

Sehr großes Vertrauen.

Das ist eine Sicherheit, die man ins Leben mitbekommt.

Ja. Meine Familie spielt eine große Rolle. Ich habe immer gewusst, wenn ich eine Enttäuschung erlebe, ist das nicht so schlimm, weil ich immer meine Familie habe.

Trotz der engen Verbindung zu ihren Verwandten will Olcay nicht in die Türkei zurückkehren. In Wien fühlt sie sich wohl. Vor kurzem hat sie ihre Dienstprüfung gemacht und wird daher eine dauerhafte Anstellung bei der Stadt Wien bekommen. Ihr großer unerfüllter Traum ist, mit ihrem Bruder zusammen einmal beim Wiener Donauinselfest aufzutreten. In wenigen Monaten wird Olcay mit ihrem Mann in eine neue Wohnung an der Donau übersiedeln. Dort auf dem Balkon wird sie, so erträumt sie es, an ihren Gedichten und einem Roman über ihr Leben schreiben. Vielleicht stellt sich dann auch noch ein Kind ein, wie sie es sich wünscht. Alles fügt sich, meint Olcay lachend, wie es gut ist.

Sie haben viel erreicht.
Schon. Unglaublich. Ich bin manchmal selbst überrascht, was ich gemacht habe. Aber es ist noch nicht fertig.

An wen richtet sich Ihr Dank für Ihr Leben?
Das kann ich wirklich nicht erklären. Als ich meine Operation hatte, haben sie die erste Operation ganz falsch gemacht. Ich musste am nächsten Tag wieder operiert werden. Ich wurde viereinhalb Stunden operiert und am nächsten Tag wieder. Ich dachte, ich werde irgendwann durch die Narkose noch behinderter sein als vorher. Nach der Operation habe ich tief geschlafen und geträumt, jemand kommt und sagt, nimm meine Hand. Ich habe gesehen, dass es Jesus war. Ich habe gesagt, nein, geh weg, du störst mich, auch wenn du Jesus bist, ich glaube nicht an Gott. Ich habe gefühlt, dass meine Schwester mich weckt. Sie hat gesagt, Olcay, schlaf nicht, denn du gehst tief, und wenn ich dich nicht aufwecke, bist du tot. Ich habe gesagt, okay. Sie hat mir ein Buch gegeben und sie hat mir etwas erklärt und ich bin wieder eingeschlafen. Da war wieder Jesus. Und er hat gesagt, warum bist du stur, nimm meine Hand, du wirst dann sehr tief schlafen und deine Ruhe finden. Vier Mal hat er mich gestört. Ich habe bis zur Früh tief geschlafen. Und meine Schwester hat gesagt, mit wem hast du gesprochen? Warum schimpfst du mit Jesus? Sie hat mich gefragt, was ich nach der Operation möchte. Ich habe mir ein religiöses Treffen gewünscht, zu dem meine atheistischen Freunde, Gläubige, Orthodoxe und Muslime zusammenkommen. Das fand dann wirklich statt. Ein Imam ist gekommen, er hat aus dem Koran gelesen, viele haben sich für seine Stimme begeistert. Es war total super, siebzig Personen in der kleinen Wohnung. Das war das Gebet als Dank nach der Operation.

Wie ist Ihr Verhältnis zu Jesus jetzt?
Keine Ahnung, ich lasse ihn in Ruhe. Auch nach meiner Operation habe ich immer auf Gott geschimpft. Das habe ich einem Priester erzählt. Er hat gesagt, das machst du gut. Gott ist dein Papa, er wird bei allem zuhören und nicht böse sein.

Das hilft der Seele?
Unbedingt. Das gibt Kraft. In letzter Zeit bedanke ich mich, wenn ich etwas Schlechtes erlebe. Ich weiß, warum ich das Erlebnis hatte, denn Gott hat mich geschützt. Jeder bedankt sich wegen der schönen Sachen und nicht wegen der schlechten.

Könnten Sie sich für Ihre Behinderung bedanken?
Ja, schon. Meine Behinderung hat mich Menschen nahegebracht, das ist wichtig.

ISBN 9 783 7017 3023 0

ALICE HERZ-SOMMER hat noch Franz Kafka gekannt, mit ihrem Sohn Theresienstadt überlebt, wohnt in London und spielt bis heute täglich drei Stunden Klavier. Baron Lothar von Sternbach hatte als selbstbewusster Südtiroler 1941 die Option für Nazideutschland nicht unterschrieben. Renate Brausewetter war einst Stummfilmstar und Günther Schwab ein früher Naturschützer. Leopold Engleitner musste wegen seiner religiösen Überzeugung für mehrere Jahre ins Konzentrationslager, und Aloisia Werner hat sich vor über 80 Jahren für den Ordensberuf entschieden. Anna Wohlfahrt erlebte, was es früher hieß, als Dienstmagd ein lediges Kind zu bekommen, und Warda Bleser-Bircher war eine der ersten Frauen, die an der Uni Zürich als Geologin promovierten.

Christine Haiden und Petra Rainer haben sich auf den Weg zu hochbetagten Männern und Frauen gemacht. Sie trafen eigenwillige und liebenswürdige Persönlichkeiten, die alle auf ihre Art ein bewegtes Stück Zeitgeschichte erzählen.

www.residenzverlag.at

Bibliografische Information der Deutschen Bibliothek
Die Deutsche Bibliothek verzeichnet diese Publikation in der Deutschen Nationalbibliografie; detaillierte bibliografische Daten sind im Internet über http://dnb.ddb.de abrufbar.

www.residenzverlag.at

2. Auflage 2010

Fotos: © Petra Rainer, www.petra-rainer.at
Projektleitung: Sonja Franzke, www.vielseitig.co.at
Umschlag/Grafische Gestaltung: Silvia Wahrstätter, www.buchgestaltung.at
Gesamtherstellung: Interpress Co. Ltd., Budapest

ISBN 978 3 7017 3149 7